Das Projektmanagement-Office

Lizenz zum Wissen.

Gerhard Ortner • Betina Stur

Das Projektmanagement-Office

Einführung und Nutzen

2., überarbeitete Auflage

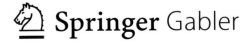
Springer Gabler

Gerhard Ortner
Projektmanagement und Organisation
FH des bfi Wien
Wien
Österreich
E-Mail: gerhard.ortner@fh-vie.ac.at

Betina Stur
PMO
FH des bfi Wien
Wien
Österreich
E-Mail: betina.stur@fh-vie.ac.at

ISBN 978-3-662-45276-9   ISBN 978-3-662-45277-6 (eBook)
DOI 10.1007/978-3-662-45277-6
Springer Heidelberg Dordrecht London New York

Springer Gabler

Springer-Verlag Berlin Heidelberg ist Teil der Fachverlagsgruppe Springer Science+Business Media (www.springer.com)

Vorwort zur 2. Auflage

Mehr als drei Jahre nach Erscheinen der ersten Auflage hat das Projektmanagement-Office heute zunehmend an Relevanz gewonnen. Es lässt sich beobachten, dass das Thema Projektmanagement-Office in der Praxis vermehrt diskutiert wird. Nicht nur sind in den letzten Jahren zunehmend Fachartikel zu diesem Themengebiet publiziert worden, auch Veranstaltungen wie Konferenzen, Workshops, ExpertInnenseminare etc. widmen sich vermehrt (zumindest teilweise) diesem Fachgebiet und nicht zuletzt ist eine steigende Zahl an entsprechenden Stellenangeboten zu registrieren.

Leider sind aber gerade im deutschsprachigen Raum – ganz im Gegensatz zum englischen Sprachraum – noch immer kaum Bücher im Bereich Projektmanagement-Office erschienen. Für uns Anlass genug, sich einer zweiten, aktualisierten und ein wenig erweiterten Auflage zu widmen.

Neben Ergänzungen in bestehenden Teilen, wie z. B. zusätzlichen Gliederungskriterien für Projektmanagement-Offices, behandeln die Neuerungen im Wesentlichen aktuelle Entwicklungen. Das sind in erster Linie der Trend zum Outsourcing von Projektmanagement-Offices und auch die Zusammenfassung mehrerer – übergreifender – Aufgabenbereiche in ein sogenanntes integratives Projektmanagement-Office.

Wir beobachten gespannt die weiteren Entwicklungen auf dem Gebiet der Projektmanagement-Offices, die uns sicher auch in Zukunft Stoff für künftige Erweiterungen und Verbesserungen liefern werden.

Wien, im September 2014
Prof. (FH) Dr. Gerhard Ortner, zPM
Mag. (FH) Betina Stur

Vorwort zur 1. Auflage

Als die Fachhochschule des bfi Wien im Herbst 2004 ihr PM-Office einrichtete, hat die eine der beiden AutorInnen des vorliegenden Buches ihr Studium am FH Studiengang „Projektmanagement und Informationstechnik" gerade begonnen und war der andere Autor als Lektor für „Projektmanagement" etwa ein halbes Jahr Mitarbeiter der FH.

Die Implementierung eines PM-Office war einerseits ein recht mutiger Schritt für unsere FH. Abgesehen davon, dass die wenigsten der damaligen MitarbeiterInnen wussten, was ein solches PM-Office leisten kann, war es doch eine Herausforderung für das hochschulische Selbstverständnis, eine zeitgemäße Organisationskomponente projektorientierter Unternehmen anzunehmen. Die Einrichtung eines PM-Office war andererseits aber auch ein notwendiger Schritt, weil die FH zu diesem Zeitpunkt vor mehreren strategisch bedeutsamen Aufgabenstellungen stand. Das neu eingerichtete PM-Office war gewiss nicht allein dafür verantwortlich, dass die betreffenden – mitunter riskanten – Projekte erfolgreich und effizient abgeschlossen wurden, aber es leistete mit Sicherheit einen wichtigen Beitrag.

Womöglich ist es gar kein Fehler, wenn ausgerechnet Hochschulen Interesse an innovativen unternehmerischen Konzepten haben. Als ExpertInnen-Organisationen können Hochschulen solche Konzepte selbstreflexiv erproben und auf die eigenen organisatorischen Bedürfnisse anpassen. Da passt es ganz gut, was eine Kollegin einer anderen Fachhochschule in Wien unlängst mitgeteilt hat. Auf einer Weihnachtskarte berichtete sie unter anderem darüber, dass ihre FH nun endlich auch ein PM-Office installieren konnte. Ich habe die Weihnachtswünsche erwidert und ergänzt, dass wir selbst unser PM-Office sicher nicht mehr hergeben würden.

Wien, im Jänner 2011

Dr. Peter Sturm
Qualitätsmanager der FH des bfi Wien

Inhaltsverzeichnis

Abkürzungsverzeichnis

CEO	Chief Execution Officer
CMM/CMMI	Capability Maturity Model/Capability Maturity Model Integration
COO	Chief Operating Officer
DB	Deutsche Bahn
ERP	Enterprise Resource Planning
HR	Human Resources
IPMA	International Project Management Association
IT	Informationstechnik
KPI	Key Performance Indicator
MA	Mitarbeiter/Mitarbeiterin
ÖBB	Österreichische Bundesbahnen
PM	Projektmanagement
PMBOK	Guide to the Project Management Body of Knowledge
PMI	Project Management Institute
PMMM	Project Management Maturity Model
PMO	Projektmanagement-Office(s)
PSP	Projektstrukturplan
QM	Qualitätsmanagement
ROI	Return on Investment
SBB	Schweizerische Bundesbahnen
SLAs	Service-Level-Vereinbarungen

Einleitung

Fähigkeiten im Projektmanagement sind in der Menschheitsgeschichte schon sehr lange gefragt. Große Bauprojekte wie etwa die ägyptischen Pyramiden, römische Wasserleitungssysteme, aber leider auch Kriege in der Antike bedurften guter Planung und Steuerung. Das Projektmanagement-Know-how jener Tage war dabei in die Fähigkeiten mancher Berufsgruppen wie z. B. Architekten und Baumeister eingebettet. Immer mehr neue Techniken und Methoden wurden mit der Zeit entwickelt und stammen z. B. aus dem technischen oder militärischen Bereich (z. B. Planungstechniken für Aufgaben und Ressourcen). Aber erst in der zweiten Hälfte des 20. Jahrhunderts entwickelte sich daraus schließlich langsam die Profession des/der Projektmanagers/-in zu einem eigenen Berufsbild. Projektmanagement gibt es jetzt am Beginn des 21. Jahrhunderts fast überall, in Kleinst- und Kleinbetrieben und im multinationalen Konzern. Ob unbewusst oder ganz bewusst zur optimalen Ergebniserreichung eingesetzt, existiert kaum eine Branche, in der keine Projekte durchgeführt werden.

Die Zahlen für die Zertifizierungen von Projektmanagern und Projektmanagerinnen der großen Projektmanagementvereinigungen (IPMA, PMI) zeugen von einem starken Wachstum im Bereich Fortbildung, Standardisierung und Professionalisierung quer über den ganzen Erdball. In einer immer stärker wissensorientierten Gesellschaft und Wirtschaft wird es für viele Unternehmen zunehmend unverzichtbar, Projekte, Programme und Projektportfolios effizient und professionell zum maximalen Nutzen für ihre Organisation zu managen und kontinuierlich an ihrer PM–Maturity zu arbeiten.

Das Projektmanagement-Office (PMO) ist ein „Werkzeug", das dazu dienen kann, den Nutzen, die Effizienz und den Erfolg von Projekten, aber auch das Know-how der Mitarbeiterinnen und Mitarbeiter in Unternehmen weiter zu verbessern.

In den letzten Jahren lässt sich in der deutschsprachigen Projektmanagement-Community beobachten, dass das PMO in verschiedenen Veranstaltungen, bei Seminaren und Konferenzen zunehmend thematisiert wird. Gerade Leute aus der Praxis zeigen hier

© Springer-Verlag Berlin Heidelberg 2015
G. Ortner, B. Stur, *Das Projektmanagement-Office,*
DOI 10.1007/978-3-662-45277-6_1

steigendes Interesse, sich auszutauschen und über die Thematiken, die mit PMO verbunden sind, zu diskutieren. Auch lassen sich neue Trends wie zum Beispiel Ansätze, ganze PMO outzusourcen erkennen. PMO werden auch immer öfter gemeinsam mit anderen Aufgabengebieten, wie etwa dem Prozessmanagement, betrachtet und es haben sich neue Schlagworte wie *„integratives Projektmanagement-Office"* herausgebildet.

Die aus dem Studiengang *Projektmanagement und Informationstechnik* stammende Diplomarbeit *„Projektmanagement-Office – ein Vergleich zwischen Theorie & Praxis"* von Betina Riebl (nunmehr Betina Stur) hat die ursprüngliche Basis für dieses Buch gelegt. Da es im deutschsprachigen Raum nur wenig Literatur gibt, die ihren Fokus auf Projektmanagement-Offices legt, haben wir uns entschlossen, dieser in Unternehmen immer öfter anzutreffenden Organisationseinheit mit diesem Buch entsprechend Raum zu widmen.

Neben der Aufarbeitung der aktuellen Literatur zum Thema fließen auch zahlreiche persönliche Interviews[1] in österreichischen Unternehmen als Praxisinput in diese Arbeit mit ein („Statements aus der Praxis"). An dieser Stelle sei allen Interviewpartnern und Interviewpartnerinnen noch einmal herzlich für ihre Bereitschaft gedankt, uns ihre Erfahrungen mitzuteilen.

Die Gliederung des Buches soll grob der Abfolge von Überlegungen folgen, die bei der Einführung eines Projektmanagement-Office (PMO) bedacht werden sollten.

Als Motivation für Sie, liebe Leserinnen und Leser, starten wir nach einer kurzen Begriffsklärung (Kap. 2) mit 10 guten Argumenten, ein PMO in einem Unternehmen einführen bzw. betreiben zu wollen. Danach wenden wir uns den Vorbereitungen einer PMO-Einführung zu und beschreiben die unterschiedlichen Möglichkeiten, PMO zu klassifizieren (Kap. 3). Die Fragen, wie das PMO richtig im Unternehmen positioniert werden kann (Kap. 4) und welche Aufgaben und Verantwortlichkeiten ein PMO prinzipiell übernehmen kann (Kap. 5) bilden einen Hauptteil dieses Buches. Die Umsetzung eines solchen Implementierungsvorhabens und die erfolgreiche Verankerung des PMO im Unternehmen bilden dann die Kap. 6 und 7. Als Abschluss sollen 14 Beispiele (in Kap. 8) zur Veranschaulichung von PMO- Implementierungen in ganz unterschiedlichen Unternehmen dienen.

Das Buch ist durchaus als kompakte Übersicht über die prinzipiellen Möglichkeiten und Aufgabengebiete eines PMO aus einem eher projektmanagementtheoretischen Blickwinkel betrachtbar, soll aber eigentlich für die aus der Praxis kommenden Leserinnen und Leser ein Handbuch zur Einführung eines PMO sein und sie unterstützen, nach den jeweiligen unternehmensrelevanten Bedürfnissen ein eigenes sinnvolles Setup für *ihr PMO* zu finden bzw. Ideen für die Weiterentwicklung bestehender PMO zu stimulieren.

---

[1] Alle Aussagen wurden auf Wunsch der meisten Interviewpartner/-innen anonymisiert.

Das Projektmanagement-Office (PMO)

2

2.1 Das Projektmanagement-Office – eine Begriffsklärung

> …‚PMO' means vastly different things to different people with this as their only consistent thread: ‚Something that's going to fix our project management mess'. (Casey und Peck 2001)

In der Literatur sowie in Unternehmen kursieren die unterschiedlichsten Bezeichnungen für das, was hier Projektmanagement-Office (PMO) genannt wird. Bei näherer Betrachtung sieht man, dass sich diese organisatorischen Einheiten hinsichtlich ihrer Ausprägungen, Funktionen und Aufgaben oft decken oder zumindest ähnlich sind. Andererseits können trotz gleicher Namensgebung gravierende Unterschiede in der Interpretation des Begriffs Projektmanagement-Office bestehen.

Ein bedeutender Unterschied kann beispielsweise in der Anzahl der Projekte, die von einem PMO betreut werden, liegen. In manchen Unternehmen ist ein PMO lediglich für ein einzelnes Projekt oder Programm zuständig. Andere hingegen sind der Meinung, nur wenn das Projektmanagement-Office unternehmensweit tätig ist, kann es effektiv eingesetzt werden.

Teilweise wird die Meinung vertreten, dass aufgrund der Bezeichnung der Zweck des Projektmanagement-Office ersichtlich ist. Demnach wäre das „Projekt-Office" beispielsweise für ein einziges Projekt zuständig, während das „Projektmanagement-Office" für mehrere oder alle Projekte zur Verfügung stünde. Da diese Trennung in der Literatur jedoch nicht durchgängig ist und die Bezeichnungen sehr unterschiedlich verwendet werden, soll hier kurz darauf eingegangen werden, was in diesem Text mit PMO gemeint ist (siehe Abb. 2.1).

Es gilt folglich in jedem Fall zu hinterfragen, was hinter einem **Projektmanagement-Office, Projekt-Office, Project-Support-Office, Programm-Management-Office** – oder wie auch immer die Bezeichnung lauten mag – tatsächlich steckt. Im Folgenden sol-

© Springer-Verlag Berlin Heidelberg 2015
G. Ortner, B. Stur, *Das Projektmanagement-Office*,
DOI 10.1007/978-3-662-45277-6_2

Abb. 2.1 Begriffswolke „PMO"

len einige Definitionen aus der jüngeren Projektmanagement-Literatur vorgestellt werden, die zeigen, wie ähnlich, aber auch wie unterschiedlich die Begriffe und Definitionen sein können. Schon bald wird man erkennen, dass Projektmanagement-Office nach Autor X keinesfalls gleich Projektmanagement-Office im Unternehmen Y ist.

Hans-Dieter Litke spricht zum Beispiel von einem Projektbüro und beschreibt es als „*... eine zentrale Einrichtung, die sämtliche Prozesse, Vorlagen und Anleitungen zur organisatorischen Abwicklung von Projekten den operativen Projektteams zur Verfügung stellt*" (Litke 2007, S. 243). Als besonderen Vorteil hebt er dabei die Standardisierung der Projektarbeit, die als Folge der Zentralisierung von Dienstleistungen in einem Projektbüro erreicht wird, hervor. Dadurch werden Projekte transparenter und besser kontrollier- bzw. steuerbar.

Ähnlich lautet Rory Burkes Definition. Für ihn stellt das Projektbüro die Vereinigung aller Projektmanagement-Verfahren, die zum Managen eines Projekts notwendig sind, dar. „*Im Projektbüro ist das Projektmanagementwissen vorhanden, das zur Entwicklung der Projektmanagementsysteme, für ihre Bedienung, zur Erstellung der Berichte und zur Aufrechterhaltung der Systeme notwendig ist*" (Burke 2004, S. 408).

Als „*ein hierarchisch recht hoch angesiedeltes Gremium aus PM-Profis, dessen hauptamtliche Aufgabe die Sicherung eines hochwertigen PM-Betriebs ist*" (Campana und Schott 2005, S. 20) beschreiben Campana und Schott das Projektmanagement-Office.

Und Patzak und Rattay sprechen von einer „*... zentralen Position und der Gesamtsicht über alle projektmanagementrelevanten Themen*" bzw. *dass das* PMO „*unternehmensweite Projektportfolio bzw. aktuelle Programme koordiniert und führt*" (Patzak und Rattay 2014, S. 517), wenn sie den Ausdruck Projektmanagement-Office verwenden.

„Das Project Office ist eine Organisation, die den Projektmanager bei der Erfüllung seiner Pflichten unterstützen soll" (Kerzner 2008, S. 171), so Kerzner. Er betont, dass eine gute Arbeitsbeziehung zwischen den Mitarbeiterinnen und Mitarbeitern des Projektmanagement-Office und der Projektleitung notwendig ist. Weiters müssen sich diese seiner Definition nach *„… dem Projekt in gleicher Weise verpflichtet fühlen wie der Projektmanager …"* (Kerzner 2008, S. 171).

Gerard Hill positioniert das Projektmanagement-Office als *„… business integrator – whether in a role that is limited to managing multiple projects as a program or expanded to serve as a business unit…"* (Hill 2008, S. xvii). Das Projektmanagement-Office umfasst alle Leute sowie Prozesse und Tools, die Projektleistungen steuern oder beeinflussen, und hilft sowohl der Projektleitung als auch der relevanten Organisation *„… to understand and apply professional practices of project management and to adapt and integrate business interests into the project management environment with which it is associated"* (Hill 2008, S. xvii).

Gemäß dem *Project Management Body of Knowledge* (PMBOK Guide) des Project Management Institute (PMI) ist das Projektmanagement-Office *„… eine organisatorische Einheit, die das Management von Projekten, die zu seinem Bereich gehören, zentralisiert und koordiniert. Ein PMO wird auch als ‚Programmmanagementbüro', ‚Projektbüro', oder, ‚Programmbüro' bezeichnet."* Weiters wird in der Interpretation des PMI darauf hingewiesen, dass die vom PMO unterstützten Projekte mit Ausnahme des gemeinsamen Managements keine Gemeinsamkeiten aufweisen müssen (vgl. PMI 2008, S. 11. bzw. 2013, S. 10 f.).

Jolyon Hallows macht schon 2002 darauf aufmerksam, dass es verschiedenste Begriffe für das Project-Office – wie er es in seinem Buch nennt – gibt: *„In some companies, they are called ‚project management offices', ‚project control offices', or ‚project support offices"* (Hallows 2002, S. 6). Hallows konzentriert sich in seinem Buch aber auf die Projektmanagerinnen und Projektmanager. Seinen Ausführungen nach besteht das Project-Office nämlich aus einer Menge von Funktionen, die Projektmanagerinnen und Projektmanager fördern, und die Durchführung der Projekte, die diese Projektmanagerinnen und Projektmanager steuern, unterstützen.

„A project office is not always called a project office" (Englund et al. 2003, S. 83), meinen auch Englund, Graham und Dinsmore und führen in ihrem Buch ebenfalls eine Reihe möglicher Bezeichnungen an. So z. B. Project Management Initiative, Project Support Group, Project Management Center of Excellence, Project Management Compentency Center und einige mehr.

Kent Crawford spricht von einer „Home-Base" für Projektmanager und -managerinnen und Projektmanagement und beschreibt sie – egal, wie die Bezeichnung dafür lauten mag – als *„… a must for organizations to move from doing a less-than-adequate job of managing projects on an individual basis, to creating the organizational synergy around projects that adds value, dependably and repeatably"* (Crawford 2002, S. vi).

Pfetzing und Rodhe beschreiben die **Projektservicestelle** – wie sie das Projekt-Office noch nennen – als dauerhafte Einrichtung, die den Projekten den methodischen Rahmen und die Standards für das Projektmanagement vorgibt und Projektleiterinnen und -leiter sowie Projektmitarbeiterinnen und -mitarbeiter in der Anwendung unterstützt (vgl. Pfetzing und Rohde 2009, S. 59 f.). Auch andere Autorinnen und Autoren beziehen sich immer wieder auf eine dauerhaft eingerichtete Service-Stelle, die dem ganzen Unternehmen Nutzen bei der Unterstützung von Projektmanagement-Aktivitäten stiften soll, wenn sie von einem Projektmanagement-Office sprechen (vgl. z. B. Levin und Rad 2002, S. 1 oder Turbit 2005, online, S. 1).

Wie an den zitierten Literaturquellen zu sehen ist, sind Bezeichnungen wie **Projektmanagement-Office** oder **Projekt-Office** häufig zu finden, dazu aber auch eine weite Vielfalt anderer Begriffe, die inhaltlich aber meistens auf serviceorientierte Tätigkeiten hinweisen. Wie Unternehmen letztendlich jene organisatorische Einheit nennen, mit deren Hilfe sie Projektmanagement effizient betreiben wollen, bleibt ihnen selbst überlassen und wird, wie die Praxis zeigt, auch durchaus unterschiedlich gehandhabt.

Man kann zusammenfassend sagen, dass es keine Kriterien für „falsch" oder „richtig" bei der Bezeichnung oder Definition gibt. Es besteht aber durchaus die Gefahr von Missverständnissen, wenn von einem Projektmanagement-Office die Rede ist. Erst wenn die dahinter stehende Definition geklärt ist, kann davon ausgegangen werden, dass alle Beteiligten in einem Gespräch vom Gleichen sprechen.

Im Weiteren soll hier grundsätzlich der Begriff **Projektmanagement-Office (kurz PMO)** verwendet werden. Eine prägnante, allgemeingültige Definition für diesen Begriff festzuschreiben ist schwierig, da es – wie später noch sichtbar werden wird – eine Vielzahl unterschiedlicher Ausprägungen von PMO geben kann. Allgemein kann man die Definition wählen, dass das Projektmanagement-Office dazu beitragen soll, ein, mehrere oder alle **Projekte** des Unternehmens **erfolgreich zum Ziel zu bringen**. Dabei muss **Rücksicht** auf die **unternehmerischen Interessen** genommen und eine **kontinuierliche Verbesserung** der Leistungen des jeweiligen Projektmanagements angestrebt werden.

Die Form und Intensität der Unterstützung kann sehr unterschiedlich sein. Einige mögliche Funktionen wurden bereits in den oben angeführten Definitionen erwähnt. Auf diese und einige mehr wird unten noch genauer eingegangen.

Für eilige LeserInnen

Es hat sich eine breite Vielfalt von **unterschiedlichen**, aber doch sehr **ähnlichen Begriffen** rund um das Thema Projektmanagement-Office (PMO) etabliert. Einige der verwendeten Bezeichnungen **weisen** dabei spezieller auf die eine oder andere **besondere Funktion** so einer Organisationseinheit **hin**. Eine exakte, allgemein gültige Definition gibt es daher nicht. Jedem Unternehmen steht es damit frei, den für es griffigsten Begriff zu wählen. Wichtig dabei ist, dass die Aufgaben und Funktionen des jeweiligen PMO möglichst klar dargestellt werden.

2.2   10 Gute Gründe für ein PMO

Jeder Vorgesetzte, der etwas taugt, hat es lieber mit Leuten zu tun, die sich zu viel zumuten, als mit solchen, die zu wenig in Angriff nehmen. (Lee Iacocca, Vorstandsvorsitzender Chrysler Corp. 1979–1992)
Zu Beginn soll auf zehn wichtige Gründe für den Einsatz eines Projektmanagement-Office eingegangen werden. Diese Liste ist mit Sicherheit nicht vollständig, sie sollte aber ausreichen, um von der Relevanz eines PMO für ein Unternehmen zu überzeugen.

Da jedes der angeführten Argumente in der Praxis unterschiedlich bedeutend sein kann, bedeutet die Reihenfolge der Nennung keinerlei Aussage über die Rangordnung der Wichtigkeit.

2.2.1   Professionelles Projektmanagement

In vielen Unternehmen werden Projekte mangels ausreichender Kapazitäten oder zu wenig qualifizierter Projektleiter oder Projektleiterinnen ohne professionelles Projektmanagement durchgeführt. Die Aufmerksamkeit liegt in diesen Fällen meist auf den Projektinhalten, während Termine, Ressourcen, Kosten und oft auch die Kundenzufriedenheit aus den Augen verloren werden.

Ein PMO ermöglicht es, in solchen Fällen professionelles Projekt-, Programm- und Projektportfolio-Management anzustreben. Es hat die Aufgabe, diesbezügliche individuelle, kollektive und organisatorische Kompetenzen zu entwickeln.

Statements aus der Praxis
„Da wir zu rund zwei Drittel der Arbeitszeit in Projekten arbeiten, war es uns wichtig, eine Einheit zu schaffen, die sich um alle Belange des Projektmanagements kümmert und schließlich für eine Erhöhung der Qualität des Projektmanagements, aber auch für Einsparungen durch effizientere Abwicklung sorgt."
„Ein Vorteil des PMO ist die Qualitätsanhebung in der Projektabwicklung, die durch starkes Engagement in der Ausbildung, der Methodikberatung und auch in der Entwicklung der Methoden möglich ist."
„Eines der Ziele des PMO ist die Sicherstellung einer gleich bleibenden oder besser werdenden Projektmanagement-Qualität."

2.2.2   Vereinheitlichung

„Mit Zunahme der Bedeutung von Projekten und Programmen in Organisationen entsteht ein Bedarf zur Vereinheitlichung der Vorgehensweisen" (Gareis 2006, S. 553). Oft hängt es aber in der betrieblichen Praxis von den individuellen Erfahrungen, Kompetenzen und

den Vorstellungen der Projektleiter bzw. Projektleiterinnen ab, wie sie ihre Projekte verwirklichen. Schon von Kollegen und Kolleginnen gewonnene Erfahrungen werden immer wieder von Neuem gemacht, das eine oder andere „Rad" immer wieder von Projekt zu Projekt von Neuem erfunden. Ineffizienz ist somit vorprogrammiert.

Werden in einem PMO einheitliche Vorgehensweisen für alle Projekte des Unternehmens entwickelt und verbreitet, so kann der Aufwand für Projektmanagement insgesamt reduziert werden. Ein weiterer Vorteil der Vereinheitlichung liegt in der einfacheren Vergleichbarkeit von Projekten.

Statements aus der Praxis

„Auslöser für die Einführung des PMO war der Wunsch der Geschäftsführung, die Softwareprojekte standardisiert abzuwickeln."

„Aus dem Bedarf einheitlicher Definitionen für Begriffe und Prozesse des Projektmanagements – einschließlich des Projektbegriffs selbst – ist schließlich das PMO entstanden."

„Der Auslöser für die Einführung des PMO war, dass es zu viele gleichzeitige Projekte, aber keine einheitliche Vorgehensweise gegeben hat."

„Es gab zwar bereits vor Einführung des PMO Projektmanagement-Methoden, aber niemanden, der die Einhaltung der Richtlinien sicherstellte. Sokam es dazu, dass in jedem Bereich die Projektabwicklung anders ablief."

2.2.3 Unterstützung für die Projektleitung

In der Praxis wird oft die Daumenregel angewandt, dass ungefähr 10 % des gesamten Projektaufwands durch die Projektleitung entsteht. Bei entsprechend großen Projekten ist damit die Projektleiterin oder der Projektleiter nicht mehr in der Lage, alle Aufgaben selbst zu bewältigen (vgl. auch Gassmann 2006, S. 50).

Die Mitarbeiter und Mitarbeiterinnen des PMO können die Projektleitung bei der Erfüllung ihrer Aufgaben unterstützen, so dass sich diese auf die wesentlichen Dinge konzentrieren kann.

Statements aus der Praxis

„Das PMO unterstützt die Projektleiterinnen und -leiter in administrativen Tätigkeiten."

„Von den Projektleiterinnen und Projektleitern wird das PMO sehr positiv gesehen, weil es ihnen Aufgaben abnimmt und Unterstützung bietet."

2.2.4   Entlastung der Projektteams

In einem Projekt fallen zahlreiche administrative Tätigkeiten – wie z. B. Dokumentations-, Berichts- und Bestellwesen – an. Gelingt es dem PMO, diese Aufgaben von den Produktivkräften, die die eigentlichen Mitarbeiterinnen und Mitarbeiter des Projekts sind, soweit wie möglich fernzuhalten, so kann das eine Entlastung des Teams bei den administrativen Aufgaben bewirken, was wiederum zur Erhöhung der Effektivität in der Projektarbeit führt.

Statements aus der Praxis
„Eines der Hauptziele unseres PMO ist, dass sich die Projektleitung verstärkt um operative Dinge kümmern kann. Die zahlreichen administrativen Punkte versucht man, durch Implementierung eines PMO von der Projektleitung und vom Projektteam abzulenken."
„Eine der großen Säulen des PMO ist die Projektmitarbeit und Projektunterstützung."

2.2.5   Förderung der Kommunikation

„Projekte werden durch Kommunikation am Laufen gehalten" (Burke 2004, S. 408). Dass die Teammitglieder miteinander reden und vor allem, dass sie über dasselbe reden und nicht aneinander vorbei, kann die Projektleitung nicht erzwingen. Es können aber günstige oder auch weniger günstige Rahmenbedingungen geschaffen werden, um die Kommunikation im Projekt zu fördern. Ein PMO kann dabei wertvolle Beiträge leisten, es kann als Knotenpunkt für die Projektkommunikation fungieren.

Statements aus der Praxis
„Der große Vorteil des PMO liegt darin, dass es eine Interaktions- und Kommunikationsplattform darstellt und somit den Leuten ermöglicht, Netzwerke zu knüpfen."
„Das PMO ermöglicht einen Erfahrungsaustausch für Projektmanager und Projektmanagerinnen in Form einer ein- bis zweimal jährlich stattfindenden zwei- oder dreitägigen Veranstaltung."

2.2.6   Einklang der Projekte mit der Unternehmensstrategie

Es versteht sich von selbst, dass Projekte auf die Unternehmensstrategie abgestimmt sein müssen, um wertvolle Beiträge zum Unternehmenserfolg zu liefern. Aufgrund von Ressourcenengpässen, die es in so gut wie jedem Unternehmen gibt, können nicht immer alle Projektideen aufgegriffen werden. Hier gilt es, Prioritäten zu setzen. Dem Management fehlt dabei oftmals der nötige Überblick oder die entscheidenden Informationen dazu.

Das PMO kann dafür Sorge tragen, dass die durchgeführten Projekte auch an der Unternehmensstrategie ausgerichtet sind. Diese Aufgabe beinhaltet unter anderem die Vorbereitung von Entscheidungsgrundlagen zur Projektauswahl und zur Priorisierung von Projekten. Eine gute und vor allem objektive Aufbereitung und gegebenenfalls Gegenüberstellung erleichtert es dem Management, sinnvolle Entscheidungen treffen zu können.

Statements aus der Praxis
„Das PMO ist bei der Abstimmung der Projekte mit der Strategie über den Steuerkreis involviert."

2.2.7 Förderung der Projektmanagement-Kultur

Unternehmensweites Verständnis für Projektmanagement in Form einer Projektmanagement-Kultur kann entscheidend für den Erfolg von Projekten sein. Die Einrichtung eines PMO bietet eine ideale Möglichkeit, eine Projektmanagement-Kultur im ganzen Unternehmen einzuführen bzw. zu vereinheitlichen und auch zu fördern.

Statements aus der Praxis
„Unser Unternehmen ist dabei, eine Projektkultur zu entwickeln, die vor Etablierung des PMO sicherlich noch nicht so entwickelt war."

„Eine der ursprünglichen Intentionen des PMO war die Verbesserung der Projektkultur."

2.2.8 Wissensdatenbank und Best-Practices

Durch die Archivierung von Best-Practices in einer Wissensdatenbank und die Verbreitung der Informationen kann aus abgeschlossenen Projekten gelernt werden. Dies kann einen wesentlichen Beitrag für den Erfolg laufender und zukünftiger Projekte leisten. Die Herausforderung dabei ist, dass die Daten leicht zugänglich, zuverlässig und für zukünftige Projekte wieder verwendbar sind (vgl. z. B. Levin und Rad 2002, S. 144). Vor allem dann, wenn das PMO unternehmensweit tätig ist, hat es den nötigen Überblick, um sich dieser Herausforderung zu stellen.

Statements aus der Praxis
„Die Verwaltung der Projektdokumentation in Form einer Datenbank, in der sämtliche Dokumente abgelegt, strukturiert und verlinkt werden, ist Aufgabe des PMO."

2.2.9   Projektmanagement-Tools und Infrastruktur

Für professionelles Projektmanagement sind heute geeignete (Software-)Tools unerlässlich. Das PMO kann eine optimale Infrastruktur an Tools anbieten, die Projektmanagerinnen und Projektmanagern helfen soll, in ihren Projekten mit verschiedenen Situationen zurechtzukommen. Auch die Auswahl, Beschaffung und Wartung von Software-Tools kann im Verantwortungsbereich des PMO liegen, genauso die Schulung der Mitarbeiter und Mitarbeiterinnen für die eingesetzten Tools.

Statements aus der Praxis
„Das PMO stellt eine einheitliche Tool-Landschaft, wie z. B. Planungs- oder Aufwandserfassungstools zur Verfügung und sorgt für die Aufrechterhaltung des laufenden Betriebs der Projektmanagement-Tools."

2.2.10   Scheitern verhindern und Effektivität erhöhen

Kein Unternehmen kann es sich heute leisten, gestartete Projekt im Sande verlaufen oder gar scheitern zu lassen. Ein PMO kann behilflich sein, solche Flops zu verhindern.

Crawford merkt z. B. an, dass „…*many of these best practices for preventing failures are also directly related to project offices*" (Crawford 2002, S. 9).

Untersuchungen haben ergeben, dass ein gut geführtes PMO die Gesamteffektivität eines Projektteams nahezu verdoppeln kann (vgl. Litke 2007, S. 243). Ein PMO kann helfen, ein Projekt kontinuierlich am Laufen zu halten, und Nutzen dadurch stiften, dass Projekte schneller umgesetzt werden können, geringere Kosten entstehen, höhere Qualität erzielt werden kann, mehr Prozess-Sicherheit vorhanden ist und Projekte konsequenter und nachhaltiger Unterstützung finden.

Statements aus der Praxis
„Da wir zu rund zwei Drittel der Arbeitszeit in Projekten arbeiten, war es uns wichtig, eine Einheit zu schaffen, die sich um alle Belange des Projektmanagements kümmert und schließlich für eine Erhöhung der Qualität des Projektmanagements, aber auch für Einsparungen durch effizientere Abwicklung sorgt."

„Bereits Jahre zuvor erkannte man die Vorzüge eines Projektbüros, das eigens für ein Großprojekt installiert wurde. Somit war es zu Beginn des aktuellen Großprojekts klar, wieder ein Projektbüro in bewährter Weise einzuführen."

Diese zehn Gründe sollen nicht nur einen Einblick in die Vorzüge eines PMO geben, sondern vor allem die Neugierde wecken und vielleicht sogar Interesse an der Einführung eines eigenen PMO schaffen. Worauf bei bzw. vor der Einführung eines PMO zu achten ist, wird im folgenden Kapitel beschrieben werden.

Für eilige LeserInnen
Der Wunsch nach stärkerer **Professionalisierung** und **Vereinheitlichungen** im Projektmanagement, sowie die **Unterstützung** und **Entlastung** von Projektteams sind oft genannte Gründe, sich mit einem PMO auseinanderzusetzen. Es soll auch helfen, **besser zu kommunizieren**, Projekte besser mit der jeweiligen **Unternehmensstrategie in Einklang** zu bringen, die Entwicklung einer eigenen **Projektmanagement-Kultur** zu begünstigen und die **Tool- und Infrastruktur-Unterstützung** zu verbessern. Damit soll erreicht werden, dass **Scheitern verhindert**, die **Effektivität erhöht** und **Wissen** (aus und in Projekten) besser **genutzt** wird.

2.3   Vor der Implementierung – Vorbereitungen

The normal state of any organization is conflicted. (Hatfield 2008, S. 67)

Es ist sehr unwahrscheinlich, dass es in einem Unternehmen von heute auf morgen gelingen wird, ein voll funktionsfähiges, hocheffizientes und von allen Seiten akzeptiertes PMO zu installieren. Solch ein Unterfangen braucht **Zeit** und sollte gut und gründlich vorbereitet sein. Wie bei Projekten auch steht und fällt der Erfolg eines PMO mit dessen **Akzeptanz** im Unternehmen.

Als ersten Schritt hin auf eine PMO-Einführung ist es daher sinnvoll, kurz einige Rahmenbedingungen zu betrachten und sich der unternehmenseigenen Managementkultur bewusst zu werden. Die Einführung einer neuen Organisationseinheit ist als ein Mittel der Organisationsentwicklung zu sehen und gerade bei solchen organisatorischen Veränderungen können manchmal die stärksten Widerstände aus dem Managementbereich selbst kommen.

2.3.1   Machen kommt von Macht

Wenn ein Unternehmen sich anschickt, an seiner Organisationsstruktur Änderungen vorzunehmen – und die Einführung eines PMO ist zweifellos eine Veränderung im organisatorischen, aber auch im prozeduralen Rahmen – so ist die Beachtung von **formalen und informalen Machtstrukturen** ein wichtiger erster Schritt.

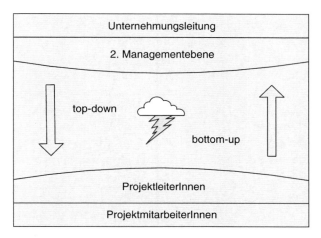

Abb. 2.2 Bottom-up- vs. top-down -Entstehung

Wer ist Anstoß für solch eine Veränderung? Wer ist davon betroffen? Wer fühlt sich gestärkt oder geschwächt? – Schon an solchen Fragen ist abzusehen, dass es nicht egal ist, wer eine Veränderungsidee ins Spiel bringt, wer aller sie mitträgt und auf welcher Entscheidungsebene der letztendliche Entschluss zur Implementierung fällt. Dabei gibt es zwei ganz unterschiedliche Entwicklungen, die sich beide in Unternehmen beobachten lassen: Zum einen den **top-down**-Ansatz, in dem das Management meint, ein PMO zur Verbesserung von Prozessen, Effizienzsteigerung, Fehlerverringerung usw. einsetzen lassen zu wollen. Aber auch der genau gegenteilige Weg – **bottom-up** – lässt sich in Unternehmen beobachten: Projektverantwortliche, die sich aus Gründen der Einheitlichkeit, Verbesserung von Projektmanagement-Prozessen, Karrieremöglichkeit, des Leidensdrucks u. v. a. m. die Einführung eines PMO wünschen und darauf hinarbeiten (vgl. Abb. 2.2).

Im Idealfall treffen beide Strömungen in einem Unternehmen zusammen, was die Möglichkeit eröffnet, einerseits die Akzeptanz der im Projektmanagement tätigen Mitarbeiterinnen und Mitarbeiter von vornherein sicherzustellen und andererseits genug Nachdruck in so einem Unterfangen von Seiten des Managements zu garantieren.

Ist die Idee zu einem PMO nur in einer der beiden Seiten verwurzelt, kann die Erfolgswahrscheinlichkeit damit gesteigert werden, die Idee zuerst einmal der jeweils anderen Seite schmackhaft zu machen, gemeinsame Vorteile zu finden, Verbesserungen darzustellen und anzubieten und so die „Machtbasis" zu verbreitern. Ein solcher Weg ist manchmal zeit- und arbeitsintensiv, gelingt die Gewinnung der anderen Seite, ist die Erfolgswahrscheinlichkeit mit so einer Maßnahme aber um ein Vielfaches höher, als wenn einseitige Maßnahmen gesetzt werden.

Dabei muss es gar nicht sehr schwierig sein, gemeinsame Win-Win-Situationen zu erarbeiten. Es wird zwar Situationen und Momente geben, wo sich eine der beiden Seiten vielleicht übervorteilt sieht, doch sollte bedacht werden, dass einerseits ein gewisser Verlustausgleich – für verlorenen Einfluss, persönliche Freiheiten usw. — stattfinden bzw.

angeboten werden kann und andererseits PMO auch in Teilschritten und mit Bedacht auf die jeweiligen Rahmenbedingungen optimiert eingeführt werden können.

► **Tipp** Verändert man eine Organisation, kann es Gewinner, aber auch Verlierer geben. Eine gute Analyse über die formellen und informellen Machtverhältnisse beugt späteren Schwierigkeiten vor. Die richtigen Stellen eines Unternehmens im Vorfeld zu aktivieren, hilft bei der späteren Umsetzung, wenn genug Unterstützungspotenzial gewonnen werden konnte. Nicht umsonst soll im Projektmanagement eine ausführliche Umfeldanalyse gemacht werden.

Statements aus der Praxis
„Treibende Kraft für die Einführung des PMO waren Mitarbeiterinnen und Mitarbeiter, die für die Abwicklung von Großprojekten zuständig sind. Sie haben erkannt, dass eine zentrale Stelle für das Projektwesen notwendig ist, wenn sich das Unternehmen in Richtung Projektorientierung bewegen möchte."

„Die Etablierung des PMO erfolgte aufgrund einer Empfehlung des derzeitigen Leiters an die Geschäftsführung."

„Die Akzeptanz des PMO war von Anfang an gegeben. Das wichtigste dabei war, dass die Unterstützung von, oben' gekommen ist."

„Dass die Akzeptanz unseres PMO so gut ist, hängt mit der Unternehmenskultur zusammen. Wenn das PMO von der Geschäftsführung und gleichzeitig von den Projektleiterinnen und -leitern getragen wird, hat man auch mit der Akzeptanz der einzelnen Teams und Mitarbeiterinnen und Mitarbeiter kein Problem."

2.3.2   Voraussetzungen für ein erfolgreiches Starten einer PMO-Einführung

Die für die organisatorische Einführung einer neuen Organisationseinheit wie eines PMO verantwortlichen Personen werden in den allermeisten Fällen im oberen oder mittleren Management zu finden sein. Diese Personen müssen **rechtzeitig die Zeichen erkennen**, um die Installation eines PMO in **der richtigen Situation** einer sich entwickelnden Organisation einzuleiten.

Einerseits sollten schon Erfahrungen der Mitarbeiterinnen und Mitarbeiter im Umgang mit Projekten gemacht worden sein, andererseits sollten sich noch keine lokalen (in verschiedenen Organisationseinheiten des Unternehmens gültigen) Substandards in Bezug auf das Projektmanagement und die Projektkultur im Unternehmen etabliert haben.

Statements aus der Praxis
„Unsere Projektmanager und -managerinnen kommen aus unterschiedlichen Gesellschaften des Konzerns und haben ihre eigenen Arten der Projektabwicklung. Demnach ist es für sie schwierig, sich an die nun neu vorgegebenen Regeln und Prozesse des Projektmanagements zuhalten."

   „Wenn eine Mindestanzahl an Projekten nicht gegeben ist, besteht die Gefahr der Überadministration durch ein PMO."

Spätestens wenn der Anteil der Projekte am Umsatz, an der Ressourcenbindung, an den Investitionsbudgets etc. ein signifikantes Maß erreicht hat, wird es vor allem für das Management erkennbare Anreize (Verbesserung der Übersicht, Steuerbarkeit, Effizienz) geben, sich hinter die Einführung eines PMO zu stellen. Wie schon der Chaos-Report (vgl. Standish Group 2005) seit 1995 immer wieder zeigt, ist der **Executive-Power-Support** einer der wichtigsten Erfolgsfaktoren für Projekte. Bei der Einführung eines PMO ist das obere Management erst recht gefordert, die Wichtigkeit und langfristige strategische Bedeutung mit entsprechender Aufmerksamkeit zu bedenken und auch selbst sozusagen als Role-Model (z. B. bei der Projektbeauftragung) mit Leben zu erfüllen.

In der Einführungsphase – auch wenn die Funktion und der Verantwortungsbereich des PMO sehr verschieden definiert werden können – ist es auch sehr hilfreich, wenn genügend Mitarbeiter und Mitarbeiterinnen schon **fundierte Kenntnisse im Projektmanagement** erworben haben (Aus- und Weiterbildung). Gerade wenn die in den Projekten arbeitenden Personen selbst das positive Potenzial, das ein PMO für ihre tägliche Arbeit erbringen kann, erkennen, kann von Anfang an auch eine bottom-up-Unterstützung in die Implementierung eingebracht werden. Das Top-Management, das leider oft kein oder nur wenig Projektmanagement-Know-how selbst mitbringt, ist gerade hier besonders gefordert, dieses bottom-up-**Know-how wahrzunehmen**, zu berücksichtigen und in geeigneter Weise in das entstehende PMO mit einzubauen. Vielleicht ist es sogar ratsam, dass sich auch Mitglieder des Managements zumindest die grundlegendsten Projektmanagement-Kenntnisse dafür aneignen. Ein erster, sehr offensichtlicher Schritt zur **Partizipation** und zum Schaffen von **Vertrauen** ist die Mitwirkung aller relevanten Kräfte, wenn ein sich frisch entwickelndes PMO mit der Frage von unternehmensweiten (Mindest-)Projektmanagement-Standards zu beschäftigen beginnt.

Unternehmen mit schon recht hohem Projektmanagement-Reifegrad (Maturity) können den Vorteil von viel Erfahrung innerhalb der Organisation nutzen, es muss aber auch mit den Nachteilen von schon eingelaufenen suboptimalen Projektmanagement-Prozessen, von festgefahrenen informellen Hierarchien, lokalen „PM-Kaisern" und formellen und informellen Meinungsbildnern umgegangen werden.

Auf alle Fälle ist es bei der Einführung des PMO – wie bei jedem anderen Projekt – wichtig, die **Ziele** (kurz-, mittel-, langfristig) der Einführung einerseits zu **definieren** (auch abgestimmt zur Strategie des Unternehmens) und andererseits auch den relevanten

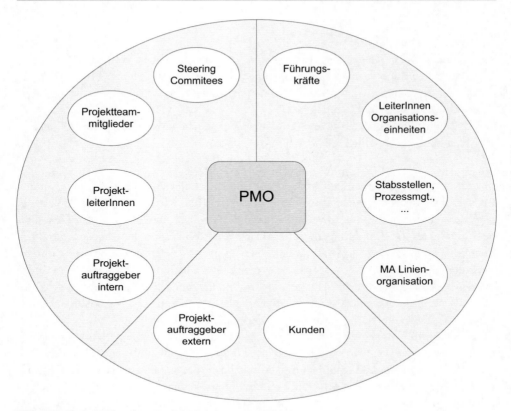

Abb. 2.3 Stakeholder eines Projektmanagement-Office

(firmeninternen) Stakeholdern (siehe Abb. 2.3) **rechtzeitig zu kommunizieren** und zu erklären.

Statements aus der Praxis

„Die Einstellung zum PMO war am Anfang eher ablehnend. Diese Haltung wandelte sich jedoch im Laufe der Zeit. Um dies zu erreichen, wurde viel Aufklärungsarbeit mittels Diskussionen im Rahmen von Schulungen und zahlreichen Einzelgesprächen geleistet."

„Zu Beginn gab es teilweise Unklarheiten über die Kompetenzen und Funktionen des PMO. Den Mitarbeitern und Mitarbeiterinnen konnte aber relativ schnell klar gemacht werden, wofür das PMO zuständig ist."

„Uns war klar, dass langfristiger Erfolg ohne Akzeptanz durch die Betroffenen nicht funktioniert. Mittels Workshops haben wir von Beginn an versucht, die Betroffenen frühzeitig zu informieren und bei Entscheidungen miteinzubeziehen."

„Leider war die Akzeptanz durch die Mitarbeiter und Mitarbeiterinnen nicht von Beginn an gegeben. Mit einer Kick-off-Veranstaltung konnte sie aber bald gehoben werden."

„Auf Ebene der Akzeptanz hat sich seit Einführung des PMO viel Positives getan. Am Anfang gab es schon Fragen nach dem Sinn, heute ist das PMO gut akzeptiert und es ist gemeinhin anerkannt, dass die Einführung des PMO etwas gebracht hat."

„Auch wenn das PMO für die Projektleiterinnen und -leiter in gewisser Weise mehr Arbeit bedeutet, herrscht absolute Übereinstimmung, dass man so eine Organisationseinheit braucht."

„Ein bestehendes Problem ist die mangelnde Konsequenz des Managements. Es gibt beispielsweise noch zu viele Ausnahmefälle, in denen – weil die Zeit knapp ist – Projekte ohne freigegebenen Projektauftrag durchgeführt werden. Das schwächt natürlich die Position des PMO."

„Man kann nur über Erfolge argumentieren. Wenn die Leute merken, dass das PMO wirklich etwas bringt, dann halten sie sich auch an die Regeln."

„Von den Beteiligten wird das PMO sehr positiv gesehen, weil es ihnen Aufgaben abnimmt und Unterstützung bietet. Das PMO dient sozusagen als ‚Central Point of Contact', an den sich jeder und jede wenden kann, wenn er oder sie im Projekt Informationen bzw. Unterstützung braucht."

„Mittlerweile ist die Akzeptanz des PMO grundsätzlich positiv, obwohl vielen Projektleitern und -leiterinnen die geforderte Projektdokumentation zu aufwändig ist. Wenn zu wenig Zeit bleibt, lassen sie diese Arbeiten gerne liegen. Aber wenn man dahinter ist und das einfordert, dann funktioniert es auch."

„Anfangs herrschte eine regelrechte Ablehnung gegen das PMO, vor allem von internen Bereichen, die das Thema nicht verstanden haben. Diese Ansichten wurden gedreht, indem man mittels erfolgreicher Projekte bewiesen hat, dass eine gute Planung am Anfang durchaus Sinn macht."

„Natürlich kommt es bei der Akzeptanz auf die Interessengruppe an. Für die Leiterinnen und Leiter der Bereiche und Abteilungen schafft das PMO Transparenz und keinen zusätzlichen Aufwand. Für die Projektmanagerinnen und -manager bedeutet es natürlich administrativen Aufwand. Dennoch ist die Einstellung gegenüber dem PMO grundsätzlich positiv, sonst hätte es wohl keine Daseinsberechtigung."

„Die Akzeptanz des PMO ist durchaus gegeben. Die Mitarbeiter und Mitarbeiterinnen sehen den Vorteil in einer einheitlichen Abwicklung und an einer zentralen Stelle in einem Projekt. Andererseits muss das PMO alles wissen, also viele Fragen stellen – und das kann lästig sein!"

„Interessanterweise sind jene Mitarbeiter und Mitarbeiterinnen, die vorhergefordert haben, dass es eine derartige Einheit geben muss, auch jetzt jene, die kritisch sind und das PMO vielleicht auch gerne mal umschiffen würden."

„Teilweise wird das PMO als lästige Stelle, die laufend Informationen einfordert, gesehen. Dennoch ist die generelle Einstellung zum PMO eher positiv, da es für die meisten doch verständlich ist, dass Informationen zusammengefasst werden müssen."

„Wenn man sicherstellt, dass jeder und jede von den Leistungen des PMO profitiert, so ist es im Unternehmen mit Sicherheit akzeptiert."

▶ **Tipp** Wenn über strukturelle Veränderungen im Projektmanagement gesprochen wird, ist es sehr hilfreich, wenn bei den relevanten Beteiligten zumindest
ein Grundverständnis (die Grundkenntnisse) im Projektmanagement vorhanden ist. Eine gute Kommunikation und der Mut, Partizipation wichtiger späterer
Player zuzulassen, helfen, späteren „Missverständnissen" vorzubeugen.

Für eilige LeserInnen
Bei organisatorischen Veränderungen in einem Unternehmen ist ein Augenmerk
auf **formelle und informelle Macht- und Entscheidungsträger** zu legen. Eine
Stakeholder- oder Umweltanalyse ist ein guter Einstieg, um sich mit dem organisatorischen Setting einer PMO-Einführung vertraut zu machen. Im Idealfall lassen sich sowohl **top-down-** als auch **bottom-up-Kräfte** und Ambitionen zu einer
gemeinsamen Anstrengung bündeln. Ansonsten ist es wichtig, schon zu Beginn die
jeweils andere Seite ins Boot zu holen bzw. auf keinen Fall vor vollendete Tatsa-
chen zu stellen **(Partizipation – Vertrauen – Akzeptanz – Erfolg).** Grundlegendes
Projektmanagement-Know-how auf verschiedenen Unternehmens-/Manage-
mentebenen schafft besseres gemeinsames Verständnis über Möglichkeiten und
Notwendigkeiten.

Literatur

Burke, R. (2004). *Projektmanagement. Planungs- und Kontrolltechniken* . Bonn: mitp.
Campana, C., & Schott, E. (2005). *Strategisches Projektmanagement*. Berlin: Springer.
Casey, W., & Peck, W. (Februar 2001). Choosing the right PMO setup. *PM Network magazine.*
    http://www.elg.net/articles/choosing-right-pmo-setup. Zugegriffen: 1. Sept. 2014.
Crawford, J. K. (2002). *The strategic project office. A guide to improving organizational perfor-*
    mance. Boca: CRC.
Englund, R. L., Graham, R. J., & Dinsmore, P. C. (2003). *Creating the project office. A manager's*
    guide to leading organizational change. San Francisco: Jossey-Bass.
Gareis, R. (2006). *Happy Projects! Projekt- und Programmmanagement. Projektportfolio-Manage-*
    ment. Management der projektorientierten Organisation (3. Aufl.). Wien: Manz.
Gassmann, O. (2006). *Praxiswissen Projektmanagement. Bausteine – Instrumente – Checklisten*
    (2. Aufl.). München: Hanser.
Hallows, J. E. (2002). *The project management office toolkit. A step-by-step guide to setting up a*
    project management office . New York: AMACOM.
Hatfield, M. (2008). *Things your PMO is doing wrong.* Pennsylvania: Project Management Institute.
Hill, G. M. (2008). *The complete project management office handbook.* Boca Raton: Auerbach.
Kerzner, H. (2008). *Projekt Management. Ein systemorientierter Ansatz zur Planung und Steuerung*
    (2. deutsche entspricht 9. englische Aufl.). Bonn: mitp.
Levin, G., & Rad, P. F. (2002). *The advanced project management office. A comprehensive look at*
    function and implementation . Boca Raton: CRC.

Litke, H.-D. (2007). *Projektmanagement. Methoden, Techniken, Verhaltensweisen. Evolutionäres Projektmanagement* (4. Aufl.). München: Hanser.

Patzak, G., & Rattay, G. (2014). *Projektmanagement. Leitfaden zum Management von Projekten, Projektportfolios, Programmen und projektorientierten Unternehmen* (6. Aufl.). Wien: Linde.

Pfetzing, K., & Rohde, A. (2009). *Ganzheitliches Projektmanagement* (3. Aufl.). Zürich: Versus.

Project Management Institute Inc. (PMI). (2008). *A guide to the project management body of knowledge. PMBOK guide* (4. Aufl.). Pennsylvania: PMI Publications.

Project Management Institute Inc. (PMI). (2013). *A guide to the project management body of knowledge. PMBOK guide* (5. Aufl.). Pennsylvania: PMI Publications.

Standish Group. (1995). Chaos report. http://www.projectsmart.co.uk/docs/chaos-report.pdf. Zugegriffen: 1. Sept. 2014.

Turbit, N. (2005) Setting up a project office, 27.06.2005. http://www.projectperfect.com.au/downloads/Info/info_setup_po.pdf. Zugegriffen: 1. Sept. 2014.

Einteilungsmöglichkeiten für PMO

Der Naturforscher ist der Mann des strukturierten Sichtbaren und der charakteristischen Benennung, er ist jedoch nicht der Mann des Lebens. (Foucault 2009, S. 208)

Ordnungskriterien wie Größe, Bestandsdauer, organisatorische Eingliederung und Funktionen können Hilfestellungen bei der Einordnung eines betrachteten bzw. bei der Konzeption eines neuen PMO bieten. Auch die Art der üblicherweise im Unternehmen durchgeführten Projekte kann zusätzlich Orientierung bieten. Besonders interessant ist die Kombination solcher Ordnungskriterien. Daher werden im Folgenden einige solcher Kriterien kurz dargestellt (siehe Abb. 3.1).

3.1 Die Größe

Abhängig von der Größe einer Unternehmung, der Anzahl der Projekte, aber auch von der Eingliederung des PMO in die Firmenorganisation, kann ein PMO aus einer einzigen Person, oder aus mehreren Personen bzw. ganzen Teams bestehen. Es hängt ebenfalls von der Aufgabenteilung bzw. Schnittstelle zwischen Tätigkeiten eines PMO und der eigentlichen Projektleitung ab, ob man den Begriff PMO hier wirklich einführen möchte oder ob Projektmanagement-Assistenz, Projektbüro oder Projektsekretariat nicht geeignetere Begriffe darstellen.

Zuerst soll im Kleinen begonnen werden.

© Springer-Verlag Berlin Heidelberg 2015

G. Ortner, B. Stur, *Das Projektmanagement-Office,*

DOI 10.1007/978-3-662-45277-6_3

Unterscheidungskriterium	Mögliche Ausprägungen
Größe	• Schreibtisch der Projektleitung • Projektsekretariat/zusätzliche Arbeitskraft • Projektmanagementteam • PMO mit mehreren Mitarbeitern/-innen
Bestandsdauer	• Temporär • Permanent
Organisatorische Eingliederung	• Level-1-PMO • Level-2-PMO • Level-3-PMO
Funktionen	• Supportive-PMO • Controlling-PMO • Directive-PMO
Projektarten	• Engineering & Construction • Information System & Information Technology • Business Processes • New Product/Service Development
intern/extern	• Firmeninternes PMO • Ausgelagertes PMO

Abb. 3.1 Unterscheidungskriterien eines PMO

3.1.1 Der Schreibtisch der Projektleitung

„Bei kleinen Projekten kann das Projektbüro identisch sein mit dem Schreibtisch des Projektleiters..." (Wischnewski 1999, S. 61). Das heißt, die Projektleiterin bzw. der Projektleiter übernimmt selbst neben der Projektleitung alle administrativen Tätigkeiten des Projekts.

An dieser Stelle sei nochmals erwähnt, dass „… ungefähr 10 % des gesamten Projektaufwands durch die Projektleitung entsteht" (siehe 3. guter Grund). Daher ist diese Variante des PMO nur bei sehr kleinen (einzelnen) Projekten zweckmäßig.

3.1.2 Projektsekretariat und/oder zusätzliche Arbeitskraft

Ist das Projekt klein genug, können manche Aufgaben zwischen Projektleitung und einem Sekretariat verteilt werden. Es können aber nicht alle Projektmanagement-Aufgaben an das Sekretariat übergeben werden, was bedeutet, dass diese die Projektleitung selbst erledigen müsste.

Wenn dazu keine Zeit ist, bleiben Sachen bei den Projektmitarbeitern und -mitarbeiterinnen hängen oder werden gar nicht erledigt. Eine Lösungsmöglichkeit wäre, eine zusätzliche Arbeitskraft – eventuell tageweise oder halbtags – zu beschäftigen, was aber eher einer Projektassistenz als einem PMO entspricht.

3.1.3   Projektmanagement-Team

Die Projektleitung kann – vor allem bei größeren Projekten – von einer Gruppe von Personen wahrgenommen werden. Dieses Team teilt sich dann die Managementaufgaben, so wäre beispielsweise eine Person für die methodengerechte Abwicklung und eine andere für die technischen/inhaltlichen Agenden verantwortlich. Diese nehmen dann unter Umständen auch Tätigkeiten wahr, die sonst ein PMO zur Verfügung stellen könnte (z. B. Dokumentations- und Controllingaufgaben durch den/die für die methodengerechte Abwicklung zuständige/n Projektmanager/in).

3.1.4   Mehrere Mitarbeiter oder Mitarbeiterinnen im Projektmanagement-Office

Schließlich besteht die Möglichkeit, dass das PMO mit mehreren Mitarbeitern und Mitarbeiterinnen besetzt ist. In diesem Fall ist es vermutlich nicht nur für ein Projekt, sondern für mehrere Projekte oder ein Programm zuständig. Auch ein PMO, das unternehmensweit tätig ist, wird wahrscheinlich mehrere Mitarbeiterinnen und Mitarbeiter beschäftigen.

3.1.5   Bestimmung der Größe eines Projektmanagement-Office

Die Bestimmung der optimalen Größe eines PMO stellt eine große Herausforderung dar. Eine Abwägung der notwendigen Anzahl von Mitarbeiterinnen und Mitarbeitern für die dem PMO zugewiesenen Aufgaben einerseits kollidiert des öfteren mit Kosten- bzw. Budgetvorgaben andererseits. Hier muss ein effizienter Kompromiss gefunden werden.

Entscheidungsfaktoren über die Anzahl der Mitarbeiterinnen und Mitarbeiter im PMO können beispielsweise die **Projektgröße,** die **benötigte** interne **Unterstützung,** der Projekttyp oder der erforderliche Kundensupport sein. Auch die **strategische Bedeutung** der Projekte spielt eine wesentliche Rolle bei der Entscheidung. Handelt es sich um strategisch wichtige Projekte, kann es durchaus sein, dass mehr zusätzliche Mitarbeiter und Mitarbeiterinnen als gewöhnlich eingesetzt werden (vgl. z. B. Kerzner 2008, S. 172).

Statements aus der Praxis
„Derzeit sind zwei Personen im PMO beschäftigt. Der Leiter verbringt etwa 40 % seiner Dienstzeit mit Tätigkeiten für das PMO. Ein zusätzlicher Mitarbeiter ist zu 100 % für das PMO angestellt."

„Betreut wird das PMO von einem Leiter und einem weiteren Mitarbeiter. Beide sind vollzeitbeschäftigt und zu 100 % für das PMO tätig."

„Im PMO sind zwei Vollzeitmitarbeiter beschäftigt."

„Im PMO arbeiten derzeit vier Vollzeitmitarbeiter bzw. -mitarbeiterinnen und ein Teilzeitbeschäftigter."

„Für das konkrete Projekt sind – bedingt durch die Projektgröße – zwei Mitarbeiter mit der Aufgabe betraut. Beide sind vollzeitbeschäftigt und verwenden 100 % ihrer Arbeitszeit für das PMO."

„Um das Thema Projektmanagement-Methoden kümmern sich derzeit ein Mitarbeiter und eine Mitarbeiterin der Organisationsabteilung, nämlich die Leiterin und ein weiterer Mitarbeiter. Beide übernehmen jedoch neben der PMO-Tätigkeit noch weitere Aufgaben in der Abteilung."

„In unserer österreichischen Niederlassung sind sechs Vollzeitkräfte, ein Fachhochschulpraktikant und eine Teilzeitkraft im PMO beschäftigt, in einer ausländischen Niederlassung sind es zusätzlich sieben Vollzeitmitarbeiter und -mitarbeiterinnen."

„Personell wird das PMO von sechs Personen gebildet."

„Im PMO sind derzeit fünf Mitarbeiter und Mitarbeiterinnen beschäftigt, die aber zu rund 50 % ihrer Arbeitszeit direkt in Projekten – z. B. als Projektleiter bzw. Projektleiterin – mitarbeiten."

„In der Niederlassung in Wien sind derzeit drei Vollzeitkräfte im PMO beschäftigt. Eine Erweiterung um einen Mitarbeiter oder eine Mitarbeiterin ist geplant."

„Insgesamt arbeiten neben dem Leiter acht Vollzeitmitarbeiter und -mitarbeiterinnen für das PMO."

„Im PMO ist lediglich ein einziger Mitarbeiter tätig, der rund 20 bis 30 % seiner Arbeitszeit mit PMO-Aktivitäten verbringt. Die restliche Zeit arbeitet er aktiv in größeren Projekten mit."

„Neben der Leiterin gibt es einen weiteren Mitarbeiter, der für die Durchführung der Projekte verantwortlich ist, und einen Assistenten für die administrativen Aufgaben. Vorgesehen sind zwei weitere Expertinnen oder Experten, eine bzw. einer für die Methoden und eine bzw. einer für die Abwicklung der tagtäglichen Geschäfte im PMO."

„Die derzeit acht Vollzeitmitarbeiterinnen und -mitarbeiter im PMO arbeiten großteils an PMO-Aktivitäten, sind aber zusätzlich auch operativ in Projekten tätig."

„Neben zwei Vollzeitangestellten arbeiten ein weiterer Mitarbeiter zu rund 70 % und die Vorgesetzte der Abteilung zu etwa 60 % der Arbeitszeit im PMO."

3.2   Die Bestandsdauer

Ein weiteres Unterscheidungskriterium befasst sich damit, ob das PMO zeitlich begrenzt (temporär) oder dauerhaft (permanent) eingerichtet ist.

3.2.1   Das temporäre Projektmanagement-Office

Ein PMO, das nur für ein Projekt bzw. Programm zur Verfügung steht, kann man als temporäres Projektmanagement-Office einstufen. Nach Abschluss des Projekts bzw. des Programms wird das temporäre PMO aufgelöst.

3.2.2   Das permanente Projektmanagement-Office

Das permanente PMO erfüllt für das Unternehmen als Ganzes Dienstleistungen und bleibt auch nach dem Abschluss von Projekten oder Programmen bestehen.

Gareis (vgl. Gareis 2006, S. 557) unterscheidet diese beiden Ausprägungen auch namentlich, um den Unterschied deutlicher zu machen. Die **temporäre** Form lässt sich als **Projekt-Office** bzw. **Programm-Office** bezeichnen, während die **permanente** Variante **Projektmanagement-Office** genannt werden kann. Wie schon zu Beginn erwähnt, herrscht bei den Bezeichnungen in der PM-Literatur aber keine Einigkeit, daher ist mit den Begriffen vorsichtig umzugehen und ein so genanntes „Projekt-Office" nicht automatisch als temporär einzustufen.

3.3   Die organisatorische Eingliederung

Ein mögliches und sehr wichtiges Unterscheidungsmerkmal von PMO ist die Anzahl der Projekte bzw. Programme, die das PMO unterstützt. Es hat sich hier eine Einteilung nach verschiedenen Level (siehe Abb. 3.2) in der Literatur etabliert. Je nach Level steht das PMO für ein, mehrere oder alle Projekte im Unternehmen zur Verfügung.

Diese drei Varianten können auch als Entwicklungsstufen des Projektmanagements gesehen werden. Einem Unternehmen wird es schwer fallen, von heute auf morgen ein unternehmensweites PMO einzuführen. Eher wird es von einem kleinen PMO für ein Projekt ausgehen und dieses im Laufe der Zeit zu einem unternehmensweiten PMO weiterentwickeln (vgl. Englund et al. 2003, S. 11). Abhängig von seiner Zuständigkeit für eines bzw. mehrere oder alle Projekte, bedarf es aber auch der passenden Ein- bzw. Zuordnung des PMO in die organisatorische Struktur einer Unternehmung.

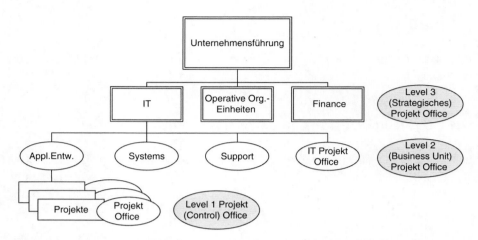

Abb. 3.2 Level von Projektmanagement-Office. (vgl. Crawford 2002, S. 56)

3.3.1   Level-1-Projektmanagement-Office (Projekt- oder Programmebene)

Das PMO der ersten Ebene fokussiert auf ein einziges Projekt. Dieses Projekt kann aber so groß und komplex sein, dass es mehrere Pläne mit jeweils eigenen verantwortlichen Projektmanagern oder -managerinnen erfordert. Diese einzelnen Teilprojekte können durch ein gesamtes Programm verbunden werden.

Bereits auf diesem individuellen Projekt-Level kann das PMO signifikante Beiträge für das Projekt leisten. Durch Anwendung der Projektmanagement-Disziplin ermöglicht das PMO Wiederholbarkeit, Projektpläne werden zu Kommunikations-Tools – sowohl innerhalb des Projektteams als auch mit den Führungskräften.

Crawford definiert das PMO auf Stufe 1 als ein „*simple single-project control office*" und beschreibt es näher als „*project control office that focuses on scheduling and reports*" (Crawford 2002, S. 3). „*This is an office that typically handles large, complex single projects ...*" (Crawford 2002, S. 67).

Ein PMO, das nur einem einzigen Projekt oder Programm zugeordnet ist, und daher auch temporären Charakter hat, wird nur bei größeren bzw. auch längeren Projekten und Programmen ökonomisch sinnvoll einzusetzen sein. Es wird starken Support-Charakter haben und kann sehr individuell an die Anforderungen des jeweiligen Projekts oder Programms angepasst werden. Gute Beispiele für die Etablierung solcher PMO sind die Bau- und Anlagenbaubranche, aber auch große Veranstaltungsprojekte wie z. B. Sportgroßereignisse oder Großkongresse.

3.3.2   Level-2-Projektmanagement-Office (Abteilungsebene)

Nur wenige Projekte erreichen eine Größe, die die Einrichtung eines eigenen PMO ausschließlich für dieses Projekt rechtfertigen würde. Durch die Einrichtung eines PMO, das von mehreren Projekten in Anspruch genommen wird, lassen sich deutliche Synergieeffekte erzielen. Besonders die Vereinheitlichung – z. B. im Berichtswesen – bringt einen deutlichen Mehrwert. Somit kann einerseits der Erstellungsaufwand verringert werden, da der Aufbau der Berichte immer gleich ist, andererseits schafft die Vereinheitlichung die Möglichkeit, Berichte projektübergreifend zu betrachten und Benchmarking zu betreiben.

Englund, Graham und Dinsmore bezeichnen PMO dieser Art als „Project or Program Office" oder als „Project Management Center of Excellence". „*These project office groups can also be designed to work in one department, for one division, or for one geographic location*" (Englund et al. 2003, S. 10).

Crawford bezeichnet das PMO auf Level 2 vielleicht etwas genauer abgegrenzt als „Business Unit Project Office". Auf dieser Ebene wird das PMO weiterhin vor allem die einzelnen Projekte unterstützen, aber hier kommt auch schon die Herausforderung dazu, eine größere Anzahl von Projekten und mit unterschiedlicher Größe zu integrieren. Die Bandbreite kann dabei von kleinen, kurzfristigen bis hin zu mittel- und langfristigen Vorhaben reichen, die eine Menge an Ressourcen und eine komplexe Integration von Technologien erfordern.

Der Nutzen eines Level-2-PMO liegt besonders darin, dass es Ressourcen auf organisatorischer Ebene integriert und damit die Effizienz im Ressourcenmanagement über mehrere Projekte steigert. So kann es beispielsweise Ressourcenkonflikte erkennen, Projektprioritäten setzen und die Ressourcen dementsprechend zuteilen. Weiters hat das PMO auf Abteilungsebene den nötigen Überblick, um festzustellen, ob Ressourcenknappheit droht, und auch genug Informationen, um Entscheidungen zu treffen, ob z. B. zusätzliches Personal angestellt werden soll.

Da das Level-2-PMO innerhalb einer einzelnen Abteilung besteht, können Ressourcenkonflikte, die nicht vom PMO gelöst werden, einfach an die Abteilungsleitung, die letztendlich die Verantwortung für die Leistungen trägt, delegiert werden.

3.3.3   Level-3-Projektmanagement-Office (Unternehmensebene)

Auf der höchsten Ebene – der Unternehmensebene – sprechen viele Autorinnen und Autoren (vgl. Crawford 2002, S. 69 oder Englund et al. 2003, S. 10) von einem „Strategic Project Office", dessen Bestreben es ist, Managementpraktiken innerhalb des gesamten Unternehmens zu ändern.

Das strategische PMO trägt also ebenfalls zur Lösung von Ressourcenkonflikten bei – aber auf einer anderen Ebene und mit anderen Mitteln. Dies geschieht unter anderem durch fortlaufende Priorisierung sämtlicher Projekte. Das strategische PMO ist dabei passend platziert, um die Auswahl, Priorisierung und das Management jener Projekte zu unterstützen, die von besonderem unternehemerischen Interesse sind. Es stellt sicher, dass Projektmanagement-Methoden an die Bedürfnisse des gesamten Unternehmens angepasst sind, nicht nur an eine Abteilung oder Geschäftseinheit.

3.3.4   Wahl der geeigneten Variante

Es stellt sich nun die Frage, auf welcher Ebene ein PMO im Unternehmen angesiedelt werden soll. Dies hängt unter anderem von der Größe und Komplexität des Unternehmens, der Verflechtung der Projekte innerhalb von Geschäftseinheiten und Funktionen, der Verfügbarkeit von Ressourcen, den Kompetenzen der Projektleitung und von den Aufgaben, die das PMO übernehmen soll, ab.

Großen, oft auch sehr komplexen Einzelprojekten kann ein Level-1-PMO zur Seite gestellt werden. Werden in einer größeren Organisationseinheit laufend verschiedene Projekte durchgeführt, die besser koordiniert werden sollen, wo Lerneffekte angestrebt werden sollen und eine einheitliche Vorgangsweise angestrebt wird, so eignet sich ein Level-2-PMO. Handelt es sich schließlich um ein großes Unternehmen mit knappen Ressourcen und vielen (wichtigen) Projekten, wo auch Aspekte wie einheitliche Strategie und Kultur angestrebt werden, ist ein Level-3- PMO eine sinnvolle Einrichtung. Auch mehrere PMO in verschiedenen Ebenen sind denkbar, wenn ihre Aufgaben klar voneinander abgegrenzt sind: Ein unternehmensweit agierendes PMO, das z. B. Richtlinien vorgibt, einheitliche Tools zur Verfügung stellt oder die Aus- und Weiterbildung der Projektleiterinnen und Projektleiter betreibt, und ein PMO auf Projektebene, wenn zusätzlicher Support für wichtige oder sehr große Projekte notwendig ist.

3.4   Die Funktionen

PMO können auch nach ihren Funktionen unterschieden werden. Eine mögliche Einteilung unterscheidet etwa in unterstützende, steuernde und weisende PMO (vgl. Method123 2007).

3.4.1   Das unterstützende Projektmanagement-Office (Supportive-PMO)

Aufgabe dieser in Unternehmen öfter vorkommenden Variante des PMO ist es, sowohl Projektleitung als auch Projektteams dabei zu unterstützen, Projekte erfolgreich abzuschließen. Es ist nicht Aufgabe des Supportive-PMO, Projekte zu kontrollieren oder zu leiten. Es geht vielmehr darum, Projekte durch Training, Mentoring und Administration zu unterstützen.

3.4.2   Das steuernde Projektmanagement-Office (Controlling-PMO)

Um schlecht laufende Projekte wieder auf den richtigen Weg zu bringen, reichen nur unterstützende Maßnahmen nicht immer aus. Durch das Ergänzen von Tätigkeiten des Controllings und der Qualitätssicherung (Reporting, Projektreviews, Audits, Assessments, Steuerung) kann ein solches PMO den Erfolg eines Projekts zusätzlich beeinflussen. Es kann auch Standards und Prozesse einführen und sich um das Risikomanagement der Projekte kümmern.

Statements aus der Praxis
„Zeitliches, inhaltliches und terminliches Controlling aller strategisch wichtigen Projekte ist einer der wichtigsten Aufgabenbereiche des PMO."

3.4.3   Das weisende Projektmanagement-Office (Directive-PMO)

Manchmal kann die effektivste Art des PMO die des Directive-PMO sein. Hier übernimmt es nicht nur Support- oder Controllingfunktionen, sondern ist für die Projekte tatsächlich verantwortlich. Die Projektleitung berichtet dabei direkt an die Leitung des PMO wie an einen Auftraggeber.

Statements aus der Praxis
„Die Gesamtverantwortung über das Projektportfolio liegt im PMO."

3.4.4   Wahl der geeigneten Variante

Es ist durchaus ein gangbarer Weg, bei der Neueinrichtung eines PMO mit einem Supportive-PMO zu beginnen. Durch Services wie Reporting, Training und Monitoring hilft es, Nutzen zu schaffen, ohne Verantwortung für Kontrolle und Leitung der Projekte zu übernehmen. Soll jedoch eine unabhängige Bewertung von Projekten sichergestellt werden, so bietet sich an, das Supportive-PMO zu einem Controlling-PMO weiterzuentwickeln. Somit hat es direkten Einfluss auf den Erfolg von Projekten und hat die Möglichkeit, Standards und Projektmanagement-Tools zu implementieren.

Führt das Unternehmen eine kleine Anzahl sehr riskanter Projekte durch, kann das Directive-PMO die beste Variante sein. Indem das PMO für die Ergebnisse der Projekte direkt verantwortlich ist, kann es die unternehmerischen Ressourcen kombinieren, um gezielte Projektaktivitäten erfolgreich durchzuführen (vgl. Method123 2007).

3.5   Die Projektarten

Nicht nur die Größe, seine organisatorische Ausrichtung oder seine Bestandsdauer und Funktionen können ein Orientierungsrahmen zur Gliederung von PMO sein, auch die Art von Projekten, für die ein PMO „zuständig" ist, prägen seine Aufgaben und die Erwartungen, die in das PMO gesetzt werden. Obwohl viele Techniken und Methoden des Projektmanagements sehr generisch definiert bzw. in Standards abgebildet und auch anwendbar sind, so zeigt die Praxis, dass es aus den unterschiedlichsten Gründen bei verschiedenen Projektarten zu unterschiedlichen Herangehensweisen, Kulturen, Schwerpunkten, Erfolgsfaktoren usw. kommt. Vergleicht man etwa den Bau eines Staudammes mit der Implementation eines neuen Software-Produktes oder vielleicht mit einem großen Eventmanagement-Projekt, ergeben sich fast natürlich Unterschiede in der Herangehensweise, den Prioritäten etc.

PMO können sich in ihrem Setup auch an solchen Rahmenbedingungen orientieren und an die jeweiligen Bedürfnisse ausgerichtet werden. Gerade große Organisationen, die vielleicht auch sehr verschiedenartige Projektportfolios führen, können sich dazu entscheiden, diese Portfolios jeweils durch speziell auf den Projekttyp zugeschnittene PMO (z. B. auf Abteilungs- oder Konzerntochterebene) zu unterstützen.

Als Beispiel kann man sich vorstellen, dass eine Bahnverwaltung (wie z. B. die DB, ÖBB oder SBB) ihre Infrastruktur(bau)projekte mit einem anderen PMO unterstützt, als seine IT-Projekte, Organisationsprojekte oder andere Projektarten. Monique Aubry und Maude Brunet schlagen bei ihrer Betrachtung von PMO in der öffentlichen Verwaltung zum Beispiel vor, das PMO nach den Projekttypen *Engineering & Construction*, *Information System & Information Technology*, *Business Processes* und *New Product/Service Development* gezielt auszurichten (vgl. Aubry und Brunet 2014).

Durch solche speziellen Ausrichtungen auf typische Projektarten kann ein PMO gezielt auf Besonderheiten dieser Projektart achten und versuchen, auch für sich selbst das richtige „Aufgabenpaket" zu schnüren, um den Nutzen für die Projekte und das Unternehmen zu optimieren. Wenn sich bei Bauprojekten etwa herausgestellt hat, dass gutes Claim-Management besonders wichtig ist oder in IT-Projekten das richtige User-Involvement maßgeblich zum Erfolg beiträgt, lassen sich damit gezielt Erfolgspotentiale adressieren und ausnutzen. Auch haben sich für verschiedene Projektarten neue spezifische Vorgangsmodelle entwickelt, die besser unterstützbar sind. Ein gutes Bespiel dafür sind die zunehmend in der IT beliebter werdenden agilen Methoden, die einen neuen, andersartigen Zugang zum Projektmanagement suchen, bisher aber fast ausschließlich beim Management von Softwareprojekten zum Einsatz kommen.

3.6   Das interne/externe PMO

Neueren Entwicklungen zur Folge muss das PMO nicht zwingend innerhalb des Unternehmens angesiedelt sein, sondern kann auch von externen Anbietern bereitgestellt werden. Der Trend zum Outsourcing hat auch vor Projektmanagement-Aktivitäten nicht halt gemacht. Immer mehr Organisationen beschäftigen sich damit, zu überlegen, ob bestimmte Dienstleistungen nicht auch – vielleicht sogar besser – von externen Dienstleistern zugekauft werden könnten (siehe Kreindl et al. 2012 sowie Ortner 2015).

3.6.1   Das firmeninterne PMO (inhouse-PMO)

Die allermeisten PMO werden bisher firmenintern eingerichtet. Das hat viele gute Gründe. Vor allem natürlich die (organisatorische) Nähe zu allen Stakeholdern und zu den Projekten selbst. Kommunikation ist für PMO ein ganz wichtiger Erfolgsfaktor. Kurze Wege, ein gutes Verständnis für die Firmenkultur oder informelle Kommunikationswege sind nur einige gute Argumente für die Etablierung eines PMO innerhalb der eigenen Organisation.

3.6.2   Das ausgelagerte PMO (PMO-outsourcing)

Obwohl viele Argumente für ein inhouse-PMO sprechen, hat sich in den letzten Jahren ein Markt auch für PMO-Dienstleistungen durch Drittanbieter gebildet. Teilweise werden solche Services von Consultingunternehmen zusätzlich in ihr Dienstleistungsangebot genommen, teilweise wurden auch PMO aus Unternehmen ausgelagert (z. B. in eigene Gesellschaften innerhalb eines Konzernverbundes), die nun auch Leistungen für Dritte anbieten. Und natürlich hat sich auch im Zuge der Entwicklungen im Business Process-Outsourcing gerade in asiatischen Ländern ein Angebot auch für solche Leistungen entwickelt.

Werden PMO-Leistungen von außen zugekauft, hat das nicht unbedingt in erster Linie Kostengründe. Hier können vor allem Know-how-Argumente ins Treffen geführt werden, aber auch Ressourcenknappheit spielt bei solchen Entscheidungen oft eine zentrale Rolle. Auch können die Neutralität Dritter, die Vermeidung von Betriebsblindheit oder garantierte Service-Level-Vereinbarungen (SLAs) Gründe dafür sein, PMO-Outsourcing in Anspruch zu nehmen.

3.7   Kombination der Unterscheidungsmerkmale

Für die eben diskutierten Unterscheidungsmerkmale gilt nicht „entweder – oder", sondern sie sind miteinander zu kombinieren. So wird beispielsweise ein PMO, das nur für ein Projekt zuständig ist – also ein Level-1-PMO – sich nach Fertigstellung des Projekts auflösen, es ist folglich temporär. Eine andere Kombinationsvariante wäre z. B., dass ein Level-2-PMO eine permanente Einrichtung darstellt und gleichzeitig teilweise Supportive- und Controlling-Aufgaben wahrnimmt (vgl. Abb. 3.3). Auch mehrere Level-2-PMO können für verschiedene Projektarten eingerichtet sein und selber durch ein Level-3-PMO gesteuert werden.

Für eilige LeserInnen
Die **Positionierung** eines PMO **in der Struktur eines Unternehmens** beeinflusst markant die **Funktionen,** die das PMO wahrnehmen soll. Ob das PMO einer **zeitlichen Beschränkung** unterliegt oder permanent eingerichtet wird, ist von den Aufgaben und der organisatorischen Eingliederung mitbestimmt. Die **Größe** – gemeint ist hier die Anzahl mitarbeitender Personen – ist dann stark von der Arbeitslast abhängig, die die dem PMO zugeordneten Funktionen erzeugen.

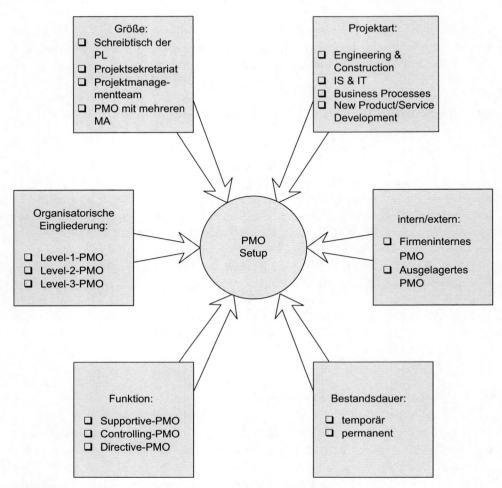

Abb. 3.3 Kombination der Unterscheidungskriterien eines PMO

Literatur

Aubry, M., & Brunet, M. (2014). Organizational design in ublic administration: Typology of project
    management offices. Project Management Institute Research and Education Conference 2014.
    Portland.
Crawford, J. K. (2002). *The strategic project office. A guide to improving organizational perfor-
    mance*. Boca Raton: CRC.
Englund, R. L., Graham, R. J., & Dinsmore, P. C. (2003). *Creating the project office. A manager's
    guide to leading organizational change*. San Francisco: Jossey-Bass.
Foucault, M. (2009). *Die Ordnung der Dinge: Eine Archäologie der Humanwissenschaften*. Frank-
    furt a. M.: Suhrkamp.

Gareis, R. (2006). *Happy Projects! Projekt- und Programmmanagement. Projektportfolio-Management. Management der projektorientierten Organisation* (3. Aufl.). Wien: Manz.

Kerzner, H. (2008). *Projekt Management. Ein systemorientierter Ansatz zur Planung und Steuerung* (2. deutsche entspricht 9. englische Aufl.). Bonn: mitp.

Kreindl, E., & Ortner, G., & Schirl, I. (2012). Outsourcing von Projektmanagement-Aktivitäten, Studie an der FH des bfi Wien. http://www.fh-vie.ac.at/Forschung/Publikationen/Studien/Outsourcing-von-Projektmanagement-Aktivitaeten. Zugegriffen: 1. Sept. 2014.

Method123. (Hrsg.). (2007). Project management office and PMO. http://blog.method123.com/2007/03/26/. Zugegriffen: 1. Sept. 2014.

Ortner, G. (2015). *Projektmanagement-Outsourcing – Chancen und Grenzen erkennen*. Heidelberg: Springer.

Wischnewski, E. (1999). *Modernes Projektmanagement* (6. Aufl.). Braunschweig: Vieweg.

Richtige Positionierung des PMO

4

Nur Individuen können weise sein, Institutionen sind im günstigsten Fall gut konzipiert. (Peter Sloterdijk (*1947), dt. Philosoph u. Hochschullehrer, Karlsruhe)

Steht die Einführung eines PMO aktuell bevor, stellen sich schnell zwei zentrale Fragen das richtige Setup betreffend. Es muss zunächst entschieden werden, wie das PMO im Unternehmen positioniert werden soll (WO?). Und es stellt sich die Frage nach der richtigen Besetzung (WER?). Zuerst soll auf die Problemstellung, die geeignete Stelle für die PMO-Einführung innerhalb der Organisation zu finden, eingegangen werden.

4.1 Wo findet sich die richtige Stelle im Unternehmen?

Die organisatorische Eingliederung eines PMO in eine mitunter recht komplexe Unternehmensstruktur hat viel mit den geplanten Funktionen und Verantwortlichkeiten (Zielen) der neuen Organisationseinheit zu tun (siehe auch: 3.3 Die organisatorische Eingliederung Level 1 bis 3), ist aber in der Realität mitunter ebenfalls an Machtfragen durch strategische Überlegungen orientiert.

Die Frage nach **der richtigen organisatorischen Einbettung** muss nicht schon ein für alle mal bei der ersten Implementierung des PMO beantwortet werden. Mit den Funktionen und Verantwortlichkeiten kann sich die organisatorische Positionierung mit der **späteren** Entwicklung noch **verändern**. Vielleicht wird das PMO zuerst für die Unterstützung eines großen oder strategisch wichtigen Projekts ins Leben gerufen (Level 1) und entwickelt sich erst dann zu einer Supportstelle einer Organisationseinheit (Level 2). Erst viel später wird es mitunter eine zentrale Rolle bei der Planung, Umsetzung und Steue-

© Springer-Verlag Berlin Heidelberg 2015
G. Ortner, B. Stur, *Das Projektmanagement-Office,*
DOI 10.1007/978-3-662-45277-6_4

rung aller Projekte eines wachsenden Unternehmens spielen und damit unternehmensweite Aufgaben übernehmen (Level 3).

Die ideale Positionierung des PMO ist damit von einigen Faktoren/Fragen abhängig:

- Was sind die Ziele, die das PMO erreichen soll (inkl. Funktionen und Verantwortlichkeiten, die es erfüllen soll)?
- Wer ist der Treiber bei der Einführung und über wie viel formelle Macht verfügen diese Personen innerhalb der Unternehmung?
- Sollen nur temporäre Probleme gelöst werden oder ist eine längerfristige Verankerung in der Organisation erwünscht?
- Wie viele Ressourcen stehen bereit bzw. wer (CEO, eine Organisationseinheit, ein Projekt, …) ist bereit, diese Ressourcen zur Verfügung zu stellen?
- Ist eine Entwicklung (des Unternehmens) absehbar, in der ein PMO über die Zeit immer wieder neue zusätzliche Aufgaben erhalten soll (z. B. durch die Entwicklung zu größerer Projektmanagement-Maturity)?

Statements aus der Praxis

„Unser PMO ist für alle Projekte im Unternehmen zuständig und steht als eigene Abteilung sowohl für Projektleiterinnen und Projektleiter als auch für interne Auftraggeber und Auftraggeberinnen beratend zur Verfügung."

„Das PMO ist eine eigene Organisationseinheit und stellt eine Holdingfunktion dar. Das bedeutet, dass es für alle Projekte in all unseren Gesellschaften zuständig ist."

„Unser PMO ist als lokale Stabsstelle nur für jene Projekte zuständig, die an unserem Standort durchgeführt werden. Dies bedeutet, dass es in anderen Niederlassungen wiederum eigene PMO gibt."

„Das PMO ist als Stabsstelle etabliert und ist derzeit in erster Linie für Kundenprojekte zuständig. Die internen Projekte liegen nicht in unserem Aufgabenbereich."

„In unserem Unternehmen bezieht sich ein PMO jeweils auf ein einziges Projekt. Aber nicht für jedes Projekt existiert ein PMO. Die Entscheidung hängt in erster Linie vom Projektmanager bzw. von der Projektmanagerin ab, aber auch von der Projektgröße und damit verbunden dem Projektbudget."

„In unserem internationalen Unternehmen gibt es zwei Abteilungen, die sich um Projekte kümmern: das PMO und ein Pool mit Projektmanagern und -managerinnen. Beide Abteilungen verfügen über Personal sowohl im In- als auch im Ausland und sind für das gesamte Unternehmen zuständig."

„Unser PMO ist als Stabsstelle der Geschäftsführung angesiedelt, in der alle Projekte der Gesellschaft zusammenlaufen."

„Unser PMO ist als eigener Bereich unterhalb der Abteilung ‚Project Management and Management Consulting' angesiedelt. Zusätzlich sind für große Programme auch eigene Projekt-Offices eingerichtet."

► **Tipp** Gerade in der Einführungsphase ist auch die organisatorische Nähe zu den eigentlich Betroffenen – meist die Projektmanager und -managerinnen – zweckmäßig. Sehr weit oben in der Hierarchie angesiedelte Organisationseinheiten bekommen oft den Ruf von unnötigen zusätzlichen bürokratischen Instanzen. Ist das wirklich notwendig?

4.2   Wer ist die richtige Frau/der richtige Mann?

Michael Hatfield warnt in seinem Buch „Things Your PMO is Doing Wrong" potenzielle PMO-Leiterinnen und -Leiter schon fast ein wenig, wenn er schreibt: *„The person who is forcing project management tactics upon a reluctant organisation should expect an erosion of popularity within that organisation, [...] and lack of popularity within the organization leads to job loss"* (Hatfield 2008, S. 4).

Ist die Situation wirklich so aussichtslos? Die Antwort hängt sehr von den Rahmenbedingungen der PMO-Einführung ab bzw. eigentlich vom Willen der Entscheidungsträgerinnen und -träger, diese Rahmenbedingungen konstruktiv und aktiv zu beeinflussen und zu gestalten.

Zur Person des/der neuen PMO-Leiters/-Leiterin müssen einige Fragen gestellt und individuell für jede Organisation beantwortet werden:

- Ist es sinnvoll, eine **schon im Unternehmen** beschäftigte Person mit dieser neuen Aufgabe zu betrauen **oder** soll auf **neue Kräfte** zugegriffen werden? Hier sind die unterschiedlichsten Aspekte wie z. B. organisatorisches Wissen, Neutralität, Vertrauen, formelle/informelle Machtbasis etc. zu berücksichtigen.
- Sind **Machtspielchen** oder Machtansprüche unterschiedlicher Unternehmensteilorganisationen zu erwarten? Braucht es deshalb eine Person mit besonderer **Erfahrung und Durchsetzungskraft?**
- Wie gut muss die Person **fachlich qualifiziert** sein (z. B. Zertifizierungen, Erfahrung aus der PM-Praxis mitbringen), um von den relevanten Stakeholdern (siehe auch Abb. 2.3) und dabei vor allem den Projektleitern und -leiterinnen respektiert zu werden? Auch der berühmte Elfenbeinturm ist zu vermeiden.
- Welche Ansprüche an **Kommunikations-** und **Führungsfähigkeiten** sind für die im konkreten Fall definierten Ziele (Funktionen und Verantwortlichkeiten) wirklich notwendig? Jemand, der vor allem intensiv mit Projektleiterinnen und -leitern in technischen Projekten zusammenarbeiten wird, braucht andere Fähigkeiten als jemand, der vor allem in intensivem Kontakt zur Geschäftsführung arbeiten wird.

Soll das PMO sehr weit oben in der Entscheidungshierarchie eines Unternehmens – also als Level-3-PMO – etabliert werden, sind zusätzlich **Interessens-** und/oder **Machtkonflikte** mit anderen schon **bestehenden (Stabs-)Stellen** zu beachten. Keine PMO-Leiterin und kein PMO-Leiter wird sich in die neue Position einfach und erfolgreich einarbeiten können, wenn solche Problemherde nicht vorab analysiert und bearbeitet werden. Es steht der Person, die die neue Stelle innehaben soll, zu, dass **klare Abgrenzungen** zu anderen ähnlich positionierten Stellen gezogen werden bzw. sie solche Probleme bei den Verantwortlichen thematisieren kann. Dazu bedarf es im Problemfall durchsetzungsstarker Personen im PMO mit entsprechender Sozialkompetenz.

Zur wohl wichtigsten Fähigkeit von Mitarbeitern und Mitarbeiterinnen in einem PMO zählt, den richtigen „Draht" zu den Projektleitern und -leiterinnen sowie zu den Projektteam-Mitgliedern aufbauen zu können. Vertrauen und Respekt sowie fachliche gegenseitige Wertschätzung aufbauen und auch leben zu können, bedarf eines Mix aus Fach-, Entscheidungs- und Sozialkompetenz. Wie so oft müssen besonders gute Projektleiter oder Projektleiterinnen nicht automatisch die besten PMO-Kräfte sein bzw. auch umgekehrt.

Ist eine schrittweise Einführung des PMO angedacht, bei der dem PMO erst mit der Zeit zusätzliche Funktionen übertragen werden sollen, ist diese Entwicklung auch durch ein **schrittweises Empowerment des PMO** zu begleiten und die entsprechenden **Mitarbeiterinnen und Mitarbeiter** sind rechtzeitig dahingehend zu **entwickeln**. Bei der Auswahl dieser Personen ist daher auch auf die Möglichkeit und den Willen, so einen mittel- bis langfristigen Karrierepfad zu gehen, Bedacht zu nehmen. Gute Mitglieder eines einfachen PMO müssen sich nicht unbedingt später einmal in einem konzernweiten, stark strategielastigen PMO wohl fühlen.

Statements aus der Praxis

„Schon bevor das PMO eingeführt wurde, gab es Aktivitäten, die mit einem PMO verbunden sind. Der damals dafür zuständige Mitarbeiter ist heute Leiter des PMO."

„Die Projektmanagement-Zertifizierung spielt bei uns eine große Rolle. Der Leiter des PMO ist zertifiziert, auch von den Mitarbeiterinnen und Mitarbeitern des PMO ist eine Zertifizierung – zumindest zur Junior-Projektmanagerin bzw. zum Junior-Projektmanager – erwünscht."

„Weder der Leiter noch der Mitarbeiter des PMO ist zertifiziert, beide bringen aber sehr viel Projekterfahrung mit."

„Unsere PMO-Mitarbeiterinnen und -mitarbeiter können neben Ausbildungen im Bereich Projekt- und Qualitätsmanagement auch Erfahrung als Projektleiterinnen und -leiter vorweisen."

„Generell sollten Mitarbeiter und Mitarbeiterinnen eines PMO gut nach Regeln und Standards arbeiten können. Betreffend Erfahrung kommt es darauf an, ob ein PMO neu aufgebaut wird oder bereits in Betrieb ist."

„Eine spezielle Projektmanagement-Ausbildung für Mitarbeiter und Mitarbeiterinnen des PMO ist erwünscht, aber nicht Voraussetzung. Was auf jeden Fall benötigt wird, ist eine gewisse Basisausbildung – vor allem im Bereich Finanz- oder Risikomanagement."

„Der Leiter unseres PMO hat Betriebswirtschaft studiert und sich erst im Zuge seines Jobs der Projektmanagement-Ausbildung gewidmet. Die Mitarbeiterinnen und Mitarbeiter des PMO besuchen regelmäßig Seminare zum Thema Projektmanagement."

„Neben dem Bedarf der Organisationseinheit ‚PMO‘ sind Menschen mit entsprechendem Know-how notwendig, die das auch gerne machen. Sonst hätte die Einführung meiner Ansicht nach nicht so gut funktioniert."

„Zur Einführung des PMO wurde ein neuer Mitarbeiter angestellt, der über langjährige Erfahrung im Einzel-Projektmanagement verfügt."

„Bei neuen Mitarbeitern oder Mitarbeiterinnen im PMO wird eine prinzipielle Ahnung von Projektmanagement begrüßt, Erfahrung ist aber nicht Voraussetzung. Ein Standardwissen wird durch eine Projektmanagement-Ausbildung, die mit einem externen Partner abgewickelt wird, sichergestellt."

„Der Leiter unseres PMO ist zertifiziert und verfügt über jahrelange Projekterfahrung. Bei den Mitarbeitern und Mitarbeiterinnen reicht eine kaufmännische Grundausbildung, daneben werden Kreativität und Flexibilität verlangt."

„Die Mitarbeiterinnen und Mitarbeiter des PMO sind lang gediente Angestellte. Projektmanagement-Ausbildungen erhalten sie im Rahmen eines konzernweiten Bildungsfahrplans, zertifiziert sind sie jedoch nicht."

„Der Leiter des PMO hat sich das für diese Position notwendige Wissen angeeignet, im operativen Projektmanagement kennt er sich aber nur bedingt aus, weil die Erfahrung mit größeren Projekten fehlt."

„Da wir nur intern agieren, sehen wir eine Zertifizierung nicht für notwendig an. Dies gilt aber nicht für die entsprechenden Kurse."

„Die Mitarbeiterinnen und Mitarbeiter des PMO sind zusätzlich auch operativ in Projekten tätig."

„Früher musste jeder Mitarbeiter und jede Mitarbeiterin im PMO alles können. Heute haben wir Schwerpunkte definiert, was der oder die jeweils einzelne Mitarbeiter oder Mitarbeiterin zu tun hat."

„Die Mitarbeiterinnen und Mitarbeiter des PMO verfügen über unterschiedliche Ausbildungen, können aber zumindest den Abschluss einer höheren Schule oder ein Universitätsstudium vorweisen. Zertifizierungen spielen derzeit eine untergeordnete Rolle."

„Um das, was von anderen Mitarbeitern und Mitarbeiterinnen im Unternehmen verlangt wird, vorzuleben, ist es Ziel, dass alle Mitarbeiter und Mitarbeiterinnen im PMO zertifiziert sind."

▶ **Tipp** Gibt es im Unternehmen eine Person mit PM-Erfahrung (Senior), die von den Projektleitern und -leiterinnen respektiert und geachtet wird? Hat diese Person den Willen, aktiv gestalterisch in Aktion zu treten? Bringt sie die notwendigen Sozialkompetenzen mit (Verhandeln, Durchsetzen, Motivieren)? →☺

Für eilige LeserInnen

Die richtige **Positionierung** und **Besetzung** sind zentrale Fragen, die bei einer PMO-Einführung beantwortet werden müssen. Die Positionierung ist stark mit den eigentlichen **Zielen,** die dem PMO gesteckt werden, verbunden. Auch **Ressourcenfragen** und **formale Machthierarchien** spielen dabei eine wichtige Rolle. Eine erste Eingliederung muss aber nicht für immer festgeschrieben sein. **Spätere Veränderungen,** z. B. im Zusammenhang mit einem Empowering des PMO, sollen bzw. dürfen a priori **nicht ausgeschlossen** werden. Die **Personalfrage** orientiert sich oft an den inneren Möglichkeiten, die in einem Unternehmen vorhanden sind. Hier stehen Aspekte wie das Vorhandensein von schon existierenden **Know-how--Trägern** (Projektmanagement, organisatorisches Wissen, Kommunikations- und Führungsfähigkeiten) und der Bedarf an **Durchsetzungskraft, Erfahrung** und auch **Neutralität** im Vordergrund.

Literatur

Hatfield, M. (2008). *Things your PMO is doing wrong*. Pennsylvania: Project Management Institute.

Aufgaben und Verantwortlichkeiten des PMO

The task you would like me to fulfill is so difficult that I do not dare to refuse. (Ernest Starling (1866–1927), britischer Physiologe und Hormonforscher)

Wie bereits oft erwähnt, kann das Projektmanagement-Office unterschiedliche Ausprägungen annehmen. Dementsprechend sind auch die Aufgaben und Verantwortungsbereiche unterschiedlich breit gefächert.

Man kann nicht generell sagen, dass beispielsweise ein Level-2-PMO diese und jene Aufgaben zu erfüllen hat. Es gilt auch hier, dass der Aufgabenbereich des PMO einzig und allein davon abhängt, **wie es im jeweiligen Unternehmen definiert** ist.

Es kann je nach Art und Größe des PMO ein ungefähres Bild über dessen Funktionen gezeichnet werden. So wird ein PMO, das für nur ein Projekt zuständig ist, weniger oder andere Aufgaben zu erfüllen haben als ein unternehmensweit ausgerichtetes PMO (siehe dazu Abb. 6.2).

Als nächstes sollen mögliche Aufgaben des PMO beschrieben werden. Um diese Aufstellung übersichtlicher zu gestalten, lassen sich die Funktionen in einige Kategorien einteilen. Die Differenzierung erfolgt dabei nach dem Kriterium, wem die jeweilige Tätigkeit des PMO zu Gute kommt bzw. worauf sich die Tätigkeit bezieht.

Die dadurch entstehenden Kategorien sind dabei:

- dem Projekt selbst,
- Tools und Infrastruktur,
- dem Projektteam,
- der Projektleitung,
- dem ganzen Unternehmen.

© Springer-Verlag Berlin Heidelberg 2015
G. Ortner, B. Stur, *Das Projektmanagement-Office*,
DOI 10.1007/978-3-662-45277-6_5

Mit Tätigkeiten für das Projekt sind allgemeine Projektmanagement-Aufgaben gemeint, beispielsweise die Erstellung eines Projektplans. Unter Tools und Infrastruktur fällt die gesamte Software und Ausstattung, die für die Projektarbeit benötigt wird. Funktionen für das Projektteam beziehen sich hauptsächlich auf Unterstützungsleistungen für einzelne Projektteam-Mitglieder. Viele Funktionen betreffen die Unterstützung und Entwicklung der Projektleitung, so beispielsweise die Entwicklung von Karrierepfaden. Tätigkeiten für das Unternehmen sind größtenteils Aufgaben eines strategischen PMO.

In manchen Fällen lässt sich keine trennscharfe Abgrenzung vornehmen. Tätigkeiten, die das PMO für das Projekt selbst durchführt, dienen oft auch dem Team bzw. der Projektleitung und letztendlich dem Unternehmen. Schließlich soll darauf hingewiesen sein, dass es sich bei den folgenden Abschnitten um Möglichkeiten handelt, **was** ein PMO leisten kann. **Wie** das PMO diese Tätigkeiten umsetzen kann, wird hier absichtlich nicht beschrieben, das würde den Rahmen bei weitem sprengen (Abb. 5.1).

Eine graphische Übersichtsdarstellung (siehe Abb. 5.2) soll eine schnelle Zuordnung der einzelnen PMO-Aufgaben zu Teilbereichen des Projektmanagements bzw. des Managements von projektorientierten Unternehmen erleichtern.

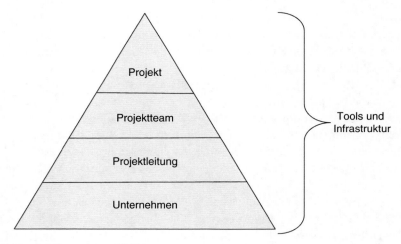

Abb. 5.1 Kundenebenen eines PMO

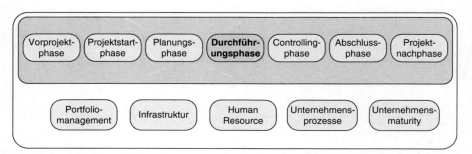

Abb. 5.2 Schnellzuordnung von PMO-Aufgaben

Einige der Aufgaben können dabei mehrere Teilbereiche zugleich abdecken oder sind im Kontext eines spezifischen Unternehmens vielleicht in Bereichen wirksam, die in dieser Betrachtung auf den ersten Blick nicht in der Zuordnung aufscheinen.

5.1 Funktionen für das Projekt selbst

Der umfangreichste Aufgabenblock ist jener, der die Projekte direkt betrifft. Hier gibt es eine breite Vielfalt an Möglichkeiten für das PMO, Unterstützung zu leisten.

5.1.1 Umgehende Hilfe für schlecht laufende Projekte

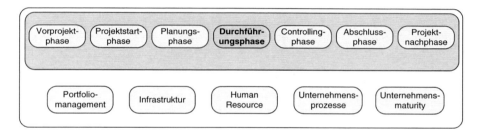

Ein Ziel des PMO muss es sein, schlecht laufende Projekte so schnell wie möglich wieder in gelenkte Bahnen zu bringen. Die Unterstützung in diesem Fall betrifft hauptsächlich die Bereiche Scope- und Risikomanagement, Terminplanung, Kosten, Qualität, Verträge, Änderungen der Umwelt, Kommunikation und Management der Beziehungen innerhalb des Teams, mit den Kunden/-innen und mit Verkäufern/-innen.

Statements aus der Praxis
„In Krisensituationen kann es schon sein, dass das PMO eingreifen muss."

5.1.2 Assistenztätigkeiten

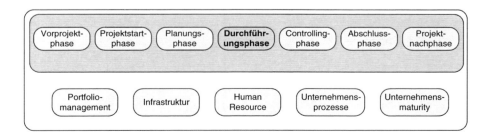

Es gibt eine ganze Reihe von Aufgaben des PMO, die als Assistenztätigkeiten bezeichnet werden können. Dazu gehören zum Beispiel (vgl. Wischnewski 1999, S. 62):

- Bearbeitung und Weiterleitung der ein- und ausgehenden Post,
- Erstellung von Dokumenten (Schreibdienste),
- Abwicklung von Materialanforderungen, Bestellungen, Reisekostenabrechnungen usw.,
- Dienstleistungen jeglicher Art für das Projekt (Beschaffung von Räumen, Telefonanschlüssen, Büromaterial usw.),
- alle Arten von Sekretariatstätigkeiten.

5.1.3   Projektsupport und Projektleitung

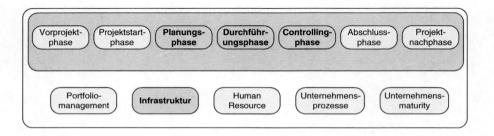

Projektsupport geht über die reinen Assistenztätigkeiten hinaus und unterstützt die Projektleitung bei Projektmanagement-Tätigkeiten.

Für Patzak und Rattay bedeutet Projektsupport neben Unterstützung durch Coaching und Beratung gelegentlich sogar auch die Übernahme der Projektleitung (vgl. Patzak und Rattay 2014, S. 633 f.). Dabei werden folgende Aufgaben übernommen:

- Sicherstellung der Anwendung vorhandener Hilfsmittel,
- Erzeugung einheitlicher Projektpläne und -unterlagen,
- Transparente Darstellung der Projekte mit Hilfe von Projektkennzahlen,
- Erstellung von entscheidungsreifen Präsentationsunterlagen,
- Reduzierung administrativer Tätigkeiten aller Projektbeteiligten auf ein Minimum,
- Erstellung und Wartung von Projektberichten,
- Vermeidung typischer Fehler und Redundanzen,
- Sicherstellung einheitlicher Darstellungsformen von Projektinformationen.

Statements aus der Praxis
„Projektmitarbeit und Projektunterstützung ist ebenfalls eine Aufgabe des PMO."
    „Das PMO fungiert auch als Leitung in Organisationsentwicklungsprojekten."
    „Für kleinere Projekte übernimmt das PMO auch die Projektkoordination bzw. -leitung."

5.1.4   Prozesse, Standards und Methodiken für das Projektmanagement

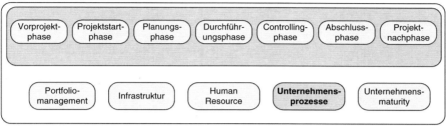

Zur Steuerung eines Projekts ist eine Reihe von Dokumenten notwendig. Pläne (Ziele, PSP, Termine, Ressourcen, Kosten, Finanzen etc.), Berichte (Status, Fortschritt, Abschluss), Protokolle usw. können sehr schnell eine Anzahl erreichen, die nicht zu unterschätzen ist.

Sind die Projektmanager und Projektmanagerinnen in einem Unternehmen nicht an Standards gebunden, so ist vermutlich eine Vielzahl an unterschiedlichen Methodiken im Einsatz. Jedes Projektteam muss dann seine spezifischen Abläufe (immer wieder) selbst bestimmen und erarbeiten. Wechseln Personen von einem Projekt zu einem anderen, müssen sich diese die einzigartigen Prozesse, Tools und Techniken, die in dem jeweiligen Projekt etabliert sind, aneignen. Dies bedarf einer Einarbeitungszeit, die dann nicht für inhaltliche und kreative Arbeit zur Lösung von Problemen und zur Leistungserstellung zur Verfügung steht. Standards bzw. einheitliche Methoden und Prozesse erleichtern hier die langfristige Arbeit signifikant und auf Dauer.

Ein weiterer Vorteil der Entwicklung von Standards ist, dass „... *they serve as a checklist to a project manager, reminding him or her of aspects of planning or reporting that he or she may overlook*" (Hallows 2002, S. 170). Weiters sind Dokumente, die unter Rücksichtnahme auf Standards erstellt wurden, einfacher nachzuvollziehen und der Wissenstransfer zwischen Projekten ist dadurch einfacher zu handhaben.

Die Entwicklung und Wartung von Prozessen und Methodiken betreffend Projektmanagement können ebenfalls zu den Aufgaben des PMO gehören. In größeren PMO kann sogar eine eigene Person für Prozessentwicklung und -wartung zuständig sein.

Folgende Tätigkeiten und Verantwortlichkeiten für das PMO können dabei bestehen (vgl. Levin und Rad 2002, S. 133 f.; Crawford 2002, S. 75 ff.):

- Entwerfen von Formularen und Vorlagen,
- Wartung von Vorlagen, Formularen und Checklisten,
- Bildung einer zentralen Sammelstelle für diese Standards,
- Festlegung eines Projektlebenszyklus, um Anfang und Ende jedes Projekts zu definieren,
- Abgrenzung der technischen Arbeiten, die in jeder Phase erledigt werden sollen,

- Entwicklung eines Ablaufs, um das Projektteam in der Vorbereitung von detaillierten Projektplänen zu führen,
- Gestaltung eines Ablaufs, der beschreibt, welche Personen in der Organisation Projektpläne und andere Dokumente bewerten und abzeichnen müssen,
- Verbreitung der Standards und Vorlagen, z. B. mit Hilfe von Intranet,
- Periodische Prüfung der Projekte, um sicherzustellen, dass die allgemeine Methodik angewandt wird,
- Ergebnisse dieser Prüfungen heranziehen, um die Standardmethoden zu verbessern,
- neue Vorgehensweisen (aufgrund von Lessons-Learned abgeschlossener Projekte) in die Standardmethodik integrieren,
- Einführung von Kriterien für die Skalierbarkeit der Methodikanforderungen zur Berücksichtigung der Tatsache, dass nicht alle Projekte den gleichen Detaillierungsgrad erfordern.

Es ist eine ganz besondere Herausforderung an ein PMO, bei der Entwicklung von Projektmanagement-Standards die Widersprüche zwischen Einheitlichkeit und Freiheit in der Projektarbeit auszubalancieren. Vor allem erfahrene Projektleiterinnen und Projektleiter könnten befürchten, dass durch die Standardisierung von Projektmanagement ihre individuelle Vorgehensweise eingeschränkt wird. Da sie ihre eigenen Methoden und ihre selbst erzeugten Formulare und Hilfsmittel nicht mehr verwenden „dürfen", könnten sie eine solche Veränderung noch dazu als Mehraufwand empfinden. Es ist daher wichtig, diese Zielgruppe in den Standardisierungsprozess einzubeziehen und ihre bisherigen Erfahrungen als Expertinnen und Experten einzuarbeiten (vgl. Patzak und Rattay 2014, S. 632).

Statements aus der Praxis

„Durch das PMO ist standardisiertes Vorgehen in den Projekten gesichert. Wir haben standardisierte Berichte und einheitliche Projektaufträge in allen Projekten des Portfolios."

„Unser PMO ist Anlaufstelle für Projektleiterinnen und -leiter, falls es methodische Fragen gibt."

„Die Erstellung und Sicherstellung der Einhaltung von Standards ist ein wichtiger Vorteil eines PMO."

„Bei der (Weiter-)Entwicklung von Standards und Methoden wird immer wieder Rücksprache mit den Anwendern und Anwenderinnen gehalten, um zu sehen, ob diese Instrumente in der Praxis auch funktionieren."

„Ein Schwerpunkt unserer Arbeit liegt in der Verantwortung des Projektmanagement-Prozesses. Dieser Prozess beinhaltet Methoden, Hilfsmittel, Richtlinien, Vorlagen, Leitfäden, Checklisten usw. und wird vom Team laufend weiterentwickelt."

„Da viele unserer Projekte konzernübergreifend abgewickelt werden, war es der Holding wichtig, Standards für Dokumentation und Berichte einzuführen."

5.1.5 Scope-Management

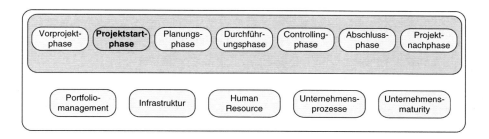

Hallows definiert drei essentielle Aspekte im Management des Projekt-Umfanges: *„The scope must be defined at the start of the project, there must be a mechanism in place to change scope during the project, and the project manager must be prepared to make use of this mechanism when the scope does change"* (Hallows 2002, S. 99). Die Rolle des PMO liegt darin, darauf zu achten, dass diese Aspekte auch erfüllt werden.

Das PMO kann dabei bei der Entwicklung einer Standardvorlage für die Scope-Dokumente mitwirken und den einzelnen Projektteams bei der Erstellung ihrer Dokumente assistieren. Anhand von Projektreviews kann das PMO die Qualität der Scope-Dokumente validieren und bestätigen, dass Änderungen des Umfangs korrekt behandelt werden. Mittels Standards kann das PMO weiters einen Scope-Change-Prozess etablieren.

5.1.6 Unterstützung bei der Projektantrags- oder Projektangebotserstellung

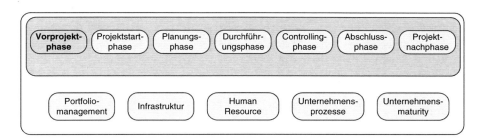

Gerade bei einer größeren Anzahl von Projekten im Unternehmen wird auch eine geregelte Projektinitiierung immer wichtiger. Wie werden Projekte beantragt? Welche Informationen müssen dafür zur Verfügung stehen? Wie werden diese evaluiert und wie Entscheidungen gefällt?

Das PMO kann diesen Prozess etablieren, indem es folgende Leistungen erbringt (vgl. Levin und Rad 2002, S. 135 f.):

- Definition der Elemente eines Projektantrags,
- Definition von Schätzmodellen,
- Identifizierung passender Parameter für die Projektschätzung (oder das Angebot, wenn es sich um ein externes Projekt handelt),
- Etablierung von Angebotsstrategien und Vertragsauswahltaktiken,
- Entwicklung von Standardangeboten,
- Gestaltung von Angebotsentwürfen,
- Methodik für die Entwicklung eines PSP und Ressourcenplans.

5.1.7   Unterstützung bei der Erstellung von Projektaufträgen

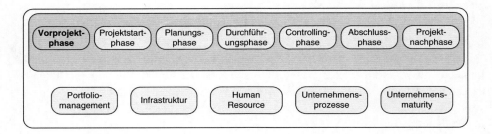

Der Projektauftrag bietet eine klare und konsistente Definition von Umfang und Ziel des Projekts und erteilt der Projektleitung die nötigen Befugnisse (unter anderem jene, Unternehmensressourcen für die Erreichung der Projektziele aufzuwenden).

Oft ist zur Zeit der Erstellung des Projektauftrags die Projektmanagerin oder der Projektmanager aber noch nicht namentlich dem Projekt zugeteilt. Das PMO wäre eine geeignete Stelle, die nicht nur bei der Erstellung eines Projektauftrags unterstützt, sondern diesen bei Bedarf auch selbst erstellt.

Eine weitere Aufgabe des PMO in diesem Kontext ist die „Verteilung" des unterschriebenen Projektauftrags innerhalb des Unternehmens, da der Projektauftrag auch als Vereinbarung mit anderen Managern und Managerinnen im Unternehmen – die zum Beispiel Ressourcen zur Verfügung stellen sollen – verstanden werden kann.

Statements aus der Praxis

„Das PMO unterstützt nicht nur die künftige Projektleitung bei der Formulierung des Projektauftrags, sondern berät auch den internen Projektauftraggeber bei der Projektbeauftragung."

5.1.8 Projektinitiierung und -start

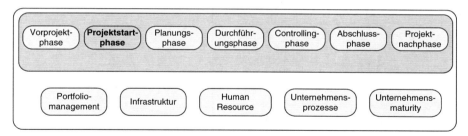

Typischerweise wird die Projektleitung am Ende der Initiierungsphase oder am Anfang der Planungsphase dem Projekt zugeteilt. Zu dieser Zeit sind häufig die Teammitglieder noch nicht ausgewählt, die Projektmanagerin bzw. der Projektmanager muss mit den funktionalen Verantwortlichen über Ressourcen verhandeln. In dieser Zeit kann, bis das Projektteam komplett ist, das PMO das Projekt vorläufig auf interimistischer Basis unterstützen.

Laut Patzak und Rattay wird in der Startphase besonders neuartiger oder komplexer Projekte der Projektsupport des PMO am häufigsten eingesetzt. Die Mitarbeiterinnen und Mitarbeiter des PMO können der Projektleitung und dem Projektteam – falls bereits vorhanden – in dieser Phase folgende Unterstützungsleistungen anbieten (vgl. Levin und Rad 2002, S. 136; Patzak und Rattay 2014, S. 633):

- der Projektleitung helfen, den „roten Faden" für ihr Projekt zu finden,
- Auswahl und Zusammensetzung des Projektteams,
- Entwicklung der Projektteam-Mitglieder zu einem arbeitsfähigen Team,
- Erstellung des Projekthandbuchs,
- Vorbereitung von relevanten Projektmanagement-Dokumenten,
- Design eines Informationssystems,
- Einrichtung eines Teamraums,
- Konzeption und Moderation des Projektstartworkshops,
- Beratung bei der Anwendung der Projektmanagement-Tools.

Das PMO hat die Aufgabe mitzuhelfen, dass alle Projekte sauber aufgesetzt werden.

Statements aus der Praxis
„Früher wurden relativ schnell Projekte gestartet, ohne dass man sie vorher gründlich durchdacht hatte. Das PMO soll nun dafür sorgen, dass alle Projekte den richtigen Prozess durchgehen, damit man auch richtig budgetieren kann und weiß, wofür und wie viel Geld aufgewendet wird."

5.1.9 Unterstützung bei der Durchführung von Kick-off-Meetings

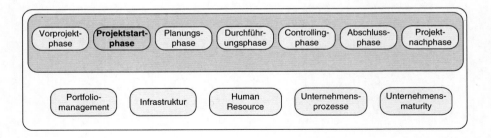

Das Kick-off-Meeting ist ein entscheidendes Instrument zur Teambildung. Im Zuge des Kick-off-Meetings werden alle Mitarbeiterinnen und Mitarbeiter, die am Projekt beteiligt sind, zusammengebracht – möglicherweise das erste Mal. Es eignet sich daher dafür, sich gegenseitig kennenzulernen, Teamziele und gemeinsame Vorgehensweisen zu vereinbaren oder auch, um gemeinsam Projektziele und -pläne zu entwickeln oder abzustimmen.

Die Aufgabe des PMO kann es hierbei sein, sicherzustellen, dass dieses Meeting nicht zu einer zu einseitigen Präsentation der Projektleitung wird, sondern in einer offenen Atmosphäre stattfindet und eine konstruktive Kommunikation und Kultur innerhalb des Teams initiiert wird.

5.1.10 Ressourcenmanagement

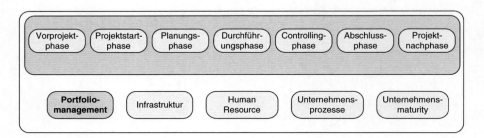

Gutes Ressourcenmanagement ist einer der Erfolgsfaktoren für Projekte. Ist in einem Unternehmen kein formaler Prozess der Ressourcenallokation eingeführt, liegt es bei den Projektmanagern und Projektmanagerinnen, um Ressourcen der funktionalen Abteilungen zu „kämpfen". „*One consequence is that the most insistent project managers will tend to get whatever resources they need, particularly from those that are more reticent*" (Hallows 2002, S. 121). Dies kann leider schnell zu Konflikten und Schwierigkeiten führen, und daher sollte das PMO ein geordnetes Ressourcenmanagement innerhalb des Unternehmens sicherstellen.

Das PMO kann dabei als Ressourcenpool für professionelle Projektmitarbeiterinnen und -mitarbeiter dienen. So können Ressourcenanforderungen aller Projekte im Unternehmen abgestimmt werden. Eine weitere Möglichkeit des Ressourcenmanagements ist die Einführung und Wartung eines Ressourcenverzeichnisses. Dabei handelt es sich um eine (einfache) Aufstellung aller verfügbaren Ressourcen innerhalb des Unternehmens. Das PMO kann als Ressourcenvermittler zwischen den funktionalen Leitern und Leiterinnen agieren, um sicherzustellen, dass die richtigen Personen zur richtigen Zeit an den richtigen Projekten arbeiten.

Um Informationen über Arbeitsauslastungen zu gewinnen, kann das PMO dabei regelmäßige Meetings zwischen den Projektleiterinnen und -leitern und Leitern und Leiterinnen der verschiedenen Organisationseinheiten in einer Unternehmung organisieren. Hier können die Ressourcenauslastungen diskutiert und gemeinsam dokumentiert werden. Somit hat das PMO stets eine Auflistung zur Verfügung, wann welche Personen wo eingesetzt sind und wann welche Ressourcen zur Verfügung stehen.

Statements aus der Praxis

„Der zentrale Vorteil des PMO ist, dass der Ressourceneinsatz sehr gut gesteuert werden kann."

5.1.11 Unterstützung bei der Erstellung von Projektplänen

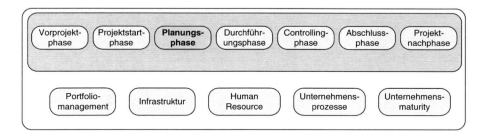

Das PMO kann bei der Schätzung, Erstellung und – in einer komplexen Organisation besonders wichtig – Koordination von Plänen unterstützen. Auch Zusammenhänge zwischen verschiedenen Projekten können so leichter in der Planung von Einzelprojekten berücksichtigt werden.

Statements aus der Praxis

„Unsere Projektleiter und Projektleiterinnen können sich bei Fragen zur Projektplanung jederzeit an das PMO wenden."

5.1.12   Mitwirkung bei der Kostenschätzung

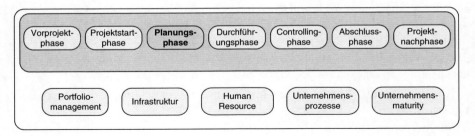

Ein großer Kostenfaktor in Projekten sind die personellen Ressourcen. Da diese aus unterschiedlichen Abteilungen kommen können, ist eine Betrachtung auf Unternehmensebene besonders sinnvoll und nützlich. Manchmal gilt es, Techniken wie ROI, Ertragswert und Rückzahlungspläne zu berücksichtigen. Diese Faktoren können bei der Auswahl und Priorisierung von Projekten eine wichtige Rolle spielen. Um derartige Entscheidungen zu treffen, müssen den Entscheidungsträgern und Entscheidungsträgerinnen Kostenschätzungen und Vorhersagen zur Verfügung gestellt werden. Das PMO kann hier wertvolle Inputs leisten – gerade bei noch unerfahrenen Projektleitern und -leiterinnen –, indem es einheitliche Methoden zur Verfügung stellt und Entscheidungsgrundlagen aufbereitet.

5.1.13   Unterstützung bei der Kostenverfolgung

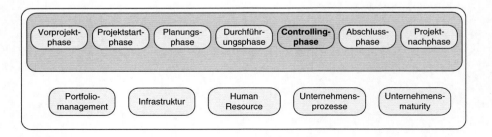

In manchen Unternehmen kann die Projektleitung über ihre Projektmanagement-Software direkt auf das Buchhaltungssystem zugreifen, um Informationen über die effektiven Kosten des Projekts zu erhalten. Dies ist allerdings eher die Ausnahme. Bietet das Unternehmen keinen direkten Zugang zu Kosteninformationen auf Projektebene, ist einiges an Kleinarbeit erforderlich, um die Projektleitung mit aktuellen, fehlerfreien und vollständigen Kosteninformationen zu versorgen. *„Without this data, any attempt at assessing current and projected cost variance is an illusion"* (Crawford 2002, S. 73).

Hier kann das PMO zum Einsatz kommen, indem es folgende Leistungen erbringt:

- nach Informationen in den verfügbaren Datenquellen suchen,
- Fragen stellen,
- die Beschaffungsabteilung kontaktieren, um Informationen über Auftragskosten zu gewinnen,
- geleistete Stunden aus Arbeitszeiterfassungs-Systemen ermitteln,
- mit Mitarbeiterinnen und Mitarbeitern (= mit den Human-Ressourcen) Kontakt aufnehmen, um die Informationen auch zu validieren.

Das PMO muss sozusagen das gesamte Unternehmen „abklappern", um die benötigten Informationen zu beziehen. Die Projektleitung selbst ist mit solchen Recherchearbeiten oft einfach zeitlich überfordert.

Statements aus der Praxis
„Das PMO bietet Unterstützung bei der Budgetplanung und der Erstellung von Forecasts."

5.1.14   Unterstützung bei der Ermittlung von Ist-Zeiten

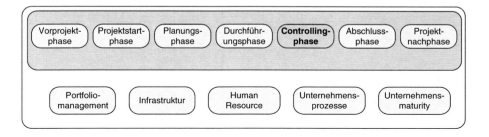

Die Projektleitung benötigt Zeitaufstellungen der Mitarbeiter und Mitarbeiterinnen, um die Ist-Leistung der Projektaktivitäten mit den Schätzungen vergleichen und im Idealfall überarbeitete Schätzungen für die Fertigstellung jeder Aktivität erstellen zu können. In vielen Unternehmen bestehen jedoch keine derartigen detaillierten Zeiterfassungssysteme. Oft werden die Arbeitszeiten nur gesamt erfasst, bestenfalls noch nach Projekten und meist ohne Möglichkeit, den geschätzten verbleibenden Zeitaufwand einzutragen.

Die Projektleitung hat dann nur die Möglichkeit, jedes einzelne Teammitglied nach der geleisteten und noch zu erwartenden Zeit zu fragen oder selbst Projektstundentabellen anzufertigen und zu verteilen. Ersteres ist nicht nur zeitaufwändig und mühsam, sondern auch sehr ungenau. Zweiteres sind idealerweise auf Basis des PSP erstellte Tabellen und ermöglichen es den Projektmitarbeiterinnen und -mitarbeitern, ihre geleisteten Zeiten und die geschätzten verbleibenden Zeiten einzutragen und bestenfalls auch direkt elektronisch zu übermitteln.

Ein Problem bei der Einführung von solchen Arbeitszeitaufzeichnungen können die Widerstände der Projektmitarbeiter und -mitarbeiterinnen sein. Das PMO ist dafür verantwortlich, den Mitarbeiterinnen und Mitarbeitern klar zu machen, was von ihnen verlangt wird. Weiters ist es Aufgabe des PMO zu verfolgen, welche Zeitaufzeichnungen übermittelt wurden und die noch ausständigen auch einzufordern. Die rechtzeitige Versendung von Erinnerungen kann da z. B. zusätzlich sinnvoll sein und liegt ebenfalls im Aufgabengebiet des PMO. Bei besonders widerspenstigen Teammitgliedern kann das bis zur direkten persönlichen Intervention (z. B. einem Besuch am Arbeitsplatz mit der Aufforderung, die Aufzeichnungen JETZT zu bearbeiten) gehen.

Statements aus der Praxis
„Die wöchentliche Kontrolle der Projektzeiterfassung ist Aufgabe des PMO."
„Das PMO stellt allen Projektmitarbeiterinnen und -mitarbeitern Formulare für die Erfassung der Ist-Zeiten zur Verfügung."

5.1.15   Unterstützung bei der Projektsteuerung/beim Projektcontrolling

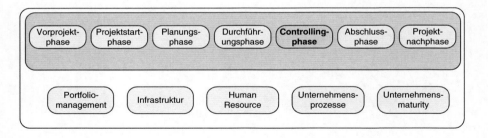

Zweck der Projektsteuerung ist es, den Erfolg zu messen, den Fortschritt in Richtung Ziele zu beobachten, zu evaluieren, was getan werden muss, um die Ziele zu erreichen und – falls notwendig – korrigierende oder präventive Maßnahmen zu setzen. Das Personal des PMO kann helfen, zu beobachten und die Leistungen zu verfolgen.

Dazu gehören unter anderem Tätigkeiten wie (Levin und Rad 2002, S. 141):

- Wartung des Projektplans,
- Wartung von Projekthandbuch und Dokumentation,
- Wartung der Zeitaufstellungen,
- Verfolgung des Budgets,
- Überprüfung der Ziele gegen den Plan und Vorschlagen von benötigten Änderungen, bevor sich ernsthafte Probleme entwickeln.

Kann das PMO der Projektleitung hier sinnvoll Arbeit abnehmen, bleibt dort mehr Zeit, sich um Mitarbeiterführung, Verhandlungen, Motivation, Teamentwicklung, Analysen und ähnliche Teilaufgaben des sozialen Controllings zu kümmern.

5.1.16   Unterstützung im Berichtswesen

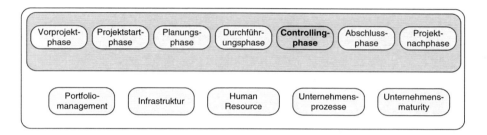

Berichte versorgen Stakeholder mit wichtigen Informationen und können unterschiedliche Ausmaße haben. Sie können einerseits als Zusammenfassung, andererseits als detaillierte Beschreibung von bestimmten Aufgaben oder Tätigkeiten verfasst werden.

Die Erstellung von Fortschrittsberichten ist eine eher unbeliebte und als lästig empfundene Aufgabe in einem Projekt. Aufgabe des PMO kann es hier sein, Daten bzw. Berichte zu sammeln und zusammenzufassen. Die Herausforderung dabei ist, die Kernpunkte konkret und prägnant zu erfassen, sodass für Entscheidungsträger und Entscheidungsträgerinnen alle benötigten Informationen enthalten sind.

Außerdem kann das PMO schon im Vorfeld durch Zurverfügungstellen von Vorlagen und Standards den Prozess des Berichtswesens deutlich erleichtern, was auch weiter den Vergleich über Projektgrenzen hinweg unterstützt.

Statements aus der Praxis
„Das PMO kümmert sich um die Darstellung von Projektfortschritten in Zusammenarbeit mit den Projektleiterinnen und Projektleitern."

„Aufgabe des PMO ist es sicherzustellen, dass die Projektleiter und Projektleiterinnen regelmäßig Statusberichte abliefern."

5.1.17   Unterstützung bei der Standardisierung und Durchführung von Projektreview-Meetings

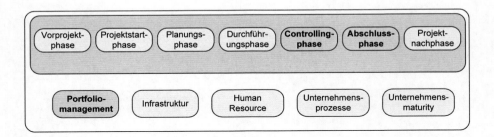

Projektreview-Meetings können durchgeführt werden, um den Fortschritt des Projekts zu berichten und den Status zu bewerten. Es soll auch regelmäßig überprüft werden, ob das Projekt noch der strategischen Ausrichtung des Unternehmens entspricht.

Außerdem sollte am Ende eines jeden Projekts ein finales Review-Meeting stattfinden.

Eine standardisierte Vorgehensweise dieser Projektreview-Meetings hilft, diese so effektiv wie möglich zu gestalten. Das PMO kann in Bezug auf Projektreview-Meetings folgende Unterstützungstätigkeiten anbieten (vgl. Levin und Rad 2002, S. 141 f.):

- Entwicklung einer Standardagenda,
- Sicherstellen, dass die Standardagenda eingehalten wird,
- Unterstützung bei der Erstellung detaillierter Rollenbeschreibungen und der klaren Definition der Verantwortlichkeiten,
- dafür sorgen, dass die Review-Meetings in einer neutralen, objektiven Weise durchgeführt werden,
- die benötigten Teammitglieder zur Teilnahme ermutigen,
- dafür sorgen, dass vorgeschriebene Start- und Endzeiten befolgt werden,
- Protokolle einschließlich diskutierter Maßnahmen eines jeden Meetings vorbereiten und verteilen.

5.1.18 Organisation von Meetings

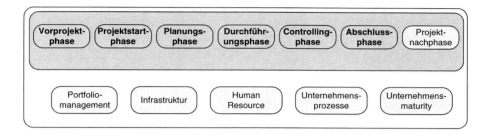

Neben dem oben erwähnten Projektreview-Meeting kann noch eine Reihe anderer Meetingformen existieren, so z. B. Projektstartworkshops, Auftraggebersitzungen, Steuerungssitzungen, interne Teammeetings, Abstimmungsmeetings unter den Teilprojektleitern und -leiterinnen oder Problemlösungsworkshops.

Auch bei diesen Meetings kann das PMO unterstützen, indem es Termine koordiniert, Standardagenden entwickelt und ausschickt, Protokolle verfasst und verteilt oder eine To-do-Liste während der Sitzung anfertigt. Auch die Moderation von Meetings kann vom PMO übernommen bzw. unterstützt werden (vgl. Patzak und Rattay 2014, S. 633).

Statements aus der Praxis
„Eine der Leistungen des PMO ist die Besprechungsbegleitung und -organisation."

5.1.19 Verwaltung der Projektdokumente

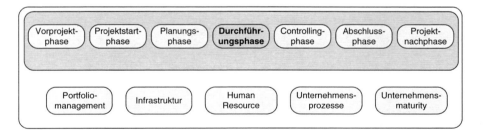

Projekte können papierintensiv sein. Für manche Projekte ist die Schaffung und Wartung der Dokumentation einer der größten Kostenpunkte. Unabhängig davon stellt die Projektdokumentation den Projektteilnehmern und -teilnehmerinnen entscheidende und wichtige Informationen zur Verfügung.

Eine Aufgabe des PMO kann die Verwaltung der Projektablage sein. Die Liste der relevanten Dokumente für die Projektablage kann je nach Projekt unterschiedlich lang sein. Beispiele sind Planungsdokumente, Anforderungen, Spezifikationen, Manuals und Schulungsunterlagen, Finanz- und Marketingdokumente, vertragliche und rechtliche Dokumente sowie diverse Korrespondenz, um nur einige zu nennen.

Da nicht viele Projektteams über den Luxus eines/einer eigenen Dokumentations- oder Konfigurations-Managers/in verfügen, kann das PMO diese Funktion anbieten.

Statements aus der Praxis
„Die Verwaltung der Projektdokumentation in Form einer Datenbank, in der sämtliche Projektdokumente abgelegt, strukturiert und verlinkt werden, obliegt dem PMO."

5.1.20 Projektmarketing

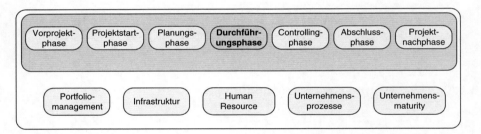

Auch Projekt- und Programm-Marketing kann zu den sinnvollen Aufgaben eines PMO gehören. „*Unter Projektmarketing sind alle Aktivitäten zu verstehen, die dazu dienen, Projekte in ihrem Umfeld besser bekannt zu machen sowie die Akzeptanz ihrer Prozesse und Ergebnisse zu erhöhen*" (Patzak und Rattay 2014, S. 105). Eine wesentliche Basis stellt dabei auch die Durchführung und kontinuierliche Pflege der Projektumfeldanalyse dar. Dokumente wie Projektauftrag, Berichte oder Projekthandbuch, Projektpräsentationen und informelle Kontakte können weitere Hilfsmittel für das Projektmarketing sein. Projektinterne Maßnahmen wären beispielsweise die Erstellung eines projektbezogenen Logos, Veranstaltungen, ein Projektraum oder eine Website und regelmäßige Informationen. Dadurch kann eine Projektkultur und -identität sichergestellt und gestärkt werden.

Bei der Erstellung und Durchführung all dieser Hilfsmittel und Maßnahmen kann das PMO erhebliche Unterstützung leisten.

5.1.21 Beschaffungswesen

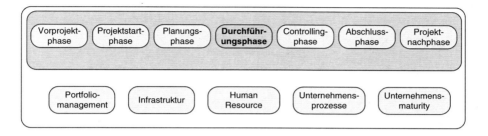

In vielen Projekten sind auch Beschaffungsvorgänge notwendig – bis hin zu öffentlichen Ausschreibungen – oft mit einigen Lieferanten und Anbietern. Dabei sind meist (interne) Regeln, Prozesse bis hin zu gesetzlichen Bestimmungen einzuhalten. Zusätzlich gehören diese Aufgaben korrekt dokumentiert. Dies kann mit Unterstützung des PMO erfolgen.

Die Anbieterauswahl ist normalerweise durch Methoden innerhalb der Einkaufsabteilung geregelt und passiert nicht direkt durch das PMO. Die Rolle des PMO kann dann darin bestehen, sicherzustellen, dass der Auswahlprozess den für das Projekt und seine Rahmenbedingungen besten Anbieter aussucht.

> **Statements aus der Praxis**
> „Das PMO kümmert sich um externe Ressourcen und Lieferanten und wickelt die Angebotsprozesse ab."
> „Das PMO führt Bestellungen bei Lieferanten durch und verfolgt die Liefertermine."

5.1.22 Qualitätsmanagement

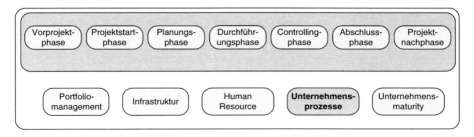

Wie bereits angeführt, ist eine mögliche Aufgabe des PMO die Etablierung einer unternehmensweiten Projektmanagement-Methodik. In weiterer Folge muss die Einhaltung der Prozesse überprüft werden und sichergestellt sein, dass die Projektmanagement-Methodik eingehalten wird. Diese Aufgaben können – wenn im Unternehmen vorhanden – von einer eigenen Qualitätssicherungsabteilung durchgeführt werden. Existiert keine derartige Abteilung, liegt dies ebenfalls im Verantwortungsbereich des PMO. Neben der Prüfung der Prozesse muss auch die Qualität der Leistungen selbst beobachtet und sichergestellt werden.

5.1.23 Benchmarking

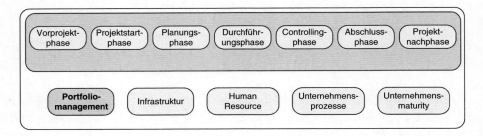

Zur Wartung von Methodiken und Standards gehört es, ständig die Branche im Auge zu behalten, um Best-Practice-Beispiele ermitteln zu können.

Benchmarking von individuellen Projekten gegen ähnliche Projekte innerhalb des Unternehmens oder innerhalb der Branche kann sofort verwendet werden, um die Schätzung von Projektkosten, Zeitplänen und Ressourcenanforderungen zu legitimieren (vgl. Crawford 2002, S. 75 f.).

Eine Art von Benchmarking ist es auch, Verträge mit Beratern oder Beraterinnen abzuschließen, die in einem bestimmten Gebiet als Experten bzw. Expertinnen bekannt sind und hier Vergleichsmöglichkeiten auftun.

Egal ob Benchmarking intern durchgeführt oder extern angeschafft wird, es kann die Aufgabe des PMO sein, Daten zu beschaffen und zu verwerten. Anschließend gilt es zu validieren, ob bestimmte Prozesse innerhalb allgemein akzeptierter Parameter der Branche liegen oder nicht.

5.1.24 Risikomanagement

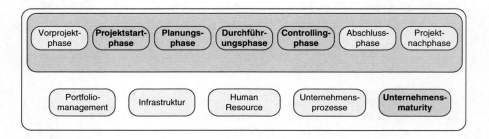

Es müssen Pläne etabliert sein, wie man mit jedem – hohen oder mäßigen – Risiko umgeht, und Maßnahmen gesetzt sein, die sicherstellen, dass rechtzeitig Aktionen gesetzt werden. Das PMO kann die Projektleitung dabei folgendermaßen unterstützen (vgl. Crawford 2002, S. 73; Levin und Rad 2002, S. 138):

- Mitwirkung bei der Entwicklung von Alternativen in jenen Fällen, in denen das Risiko so signifikant ist, dass eine Umstrukturierung des Projektplans notwendig wird,
- Unterstützung bei der Anwendung spezieller Risiko-Software und Techniken des Risikomanagements zur Risikoidentifikation, Risikoanalyse, Entwicklung von Maßnahmen, Beobachtung und Management,
- Erstellung von Vorlagen für einen Risikomanagement-Plan,
- Unterstützung bei der Definition von Grenzwertkriterien zur Bestimmung, wie lange ein spezielles Risiko für das Unternehmen akzeptabel ist und ab wann Handlungsbedarf besteht,
- Kategorisierung von Risiken,
- Identifizieren von potenziellen Risiken anhand von vorhergehenden Projekten des Unternehmens,
- Unterstützung des Teams bei der Verfolgung identifizierter Risiken,
- Meetings zur Risikoplanung und Neuplanung mit dem Projektteam unterstützen,
- Durchführung von Prüfungen und Bewertungen der Risiko-Reaktionen,
- Etablierung einer Ablage für Risikomanagement-Daten zum Gebrauch für das gesamte Unternehmen als Teil des Wissensmanagement-Systems.

Größere PMO können zur Durchführung des Risikomanagements einen eigenen Risikoanalyse-Experten oder eine -Expertin als Teammitglieder haben.

Statements aus der Praxis
„Die Identifizierung und die Verfolgung von Risiken liegen im Aufgabenbereich des PMO."

5.1.25   Change-Management

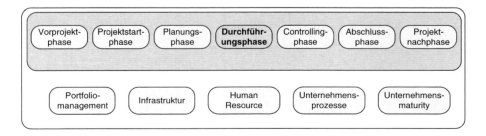

Die Gestaltung des Change-Management-Prozesses ist eine notwendige Aufgabe im Projektmanagement. Jede Veränderung muss durch ein Change-Request-Formular dokumentiert werden, ebenso die Analyse, was Kosten, Termine und Umsetzbarkeit betrifft, und vor allem die eigentliche Entscheidung (Durchführung oder Ablehnung).

Demzufolge ist es unbedingt notwendig, dass ein Change-Management-Prozess unternehmensweit etabliert ist.

Das PMO kann die Arbeit der Projektleitung durch Unterstützung bei der Erfüllung der Aufgaben signifikant erleichtern durch (vgl. Crawford 2002, S. 70 ff.; Levin und Rad 2002, S. 139 f.):

- Anfertigung von Protokollen entsprechender Meetings,
- Wartung eines Verzeichnisses, das den Status aller Änderungen anzeigt,
- Etablierung eines Klassifizierungssystems, um zu definieren, welche Änderungen von wem bewilligt werden müssen,
- Erarbeitung und Verteilung von Standardformularen (zur Beantragung der Änderungen, Analyse der Auswirkungen, Information der Beteiligten und Beauftragung zur Durchführung nach Bewilligung),
- Einberufung eines „Change Boards",
- Ablage sämtlicher Dokumentationen,
- sicherstellen, dass sich bewilligte Änderungen in Spezifikationen und Vertragsdokumenten widerspiegeln,
- gewährleisten, dass alle relevanten Teammitglieder rasch über die Änderungen informiert werden,
- Adaptierung von Projektdaten,
- Beobachtung der weiteren Entwicklung von Änderungen,
- Aufnahme bekannter Ursachen für Änderungen in die Wissensdatenbank.

Statements aus der Praxis
„Das PMO bietet auch Unterstützung beim Change-Management."

5.1.26 Problemlösungen fördern

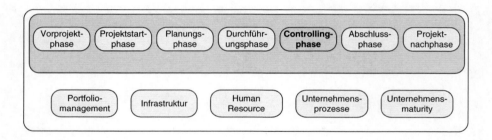

Auftretende Probleme müssen sowohl vom Projektteam als auch von Kunden oder Lieferanten identifiziert und dem Projektmanagement vorgebracht werden. Passiert dies nicht,
bleiben Probleme möglicherweise ungelöst und können dadurch unvorhergesehene Komplikationen betreffend Budget oder Zeitplan bzw. Komplikationen technischer Art verursachen.

Das PMO kann dabei Unterstützung leisten, indem es (vgl. Levin und Rad 2002,
S. 142):

- Hilfe bei der Entwicklung und Wartung eines Problemlösungsprozesses leistet (dieser
  umfasst Problemevaluierung, Festlegung notwendiger Handlungen, Kommunikation
  an das Projektteam und andere betroffene Projekte, den formellen Abschluss des Problems),
- eine Methode zur Priorisierung entwickelt, um zwischen einfachen und schwerwiegen-
  den Problemen zu unterscheiden,
- Möglichkeit zur Eskalation an das Projektmanagement-Office bietet, wenn das Projektteam nicht selbst in der Lage ist, ein Problem zu lösen, weil es zu schwerwiegend ist
  oder schon lange ungelöst bleibt,
- Hilfe bei der Identifizierung von Trends oder Gemeinsamkeiten von Problemen aller
  Projekte im Unternehmen anbietet und die Aufnahme dieser in die Wissensdatenbank
  bewerkstelligt.

5.1.27 Durchführung von Projekt-Audits

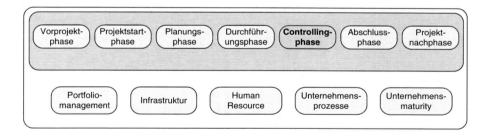

Im Gegensatz zur unten erläuterten Bewertung der Projektmanagement-Reife geht es bei
den Projekt-Audits um die Bewertung der einzelnen Projekte. Zweck eines Projekt-Audits
ist es, von laufenden Projekten Daten unterschiedlichster Art zu sammeln. Ein Projekt-
Audit kann eine unabhängige, objektive Wertung von Projekten liefern, um ihren wirk-
lichen Status festzustellen. Die Zusammenstellung und Verfeinerung der Daten bietet eine
strukturierte Sicht auf die Projektleistung.

Das PMO kann ein Projekt-Audit mehrmals im Laufe eines Projekts durchführen. Auf
diese Art und Weise kann das Projekt-Audit ein nützliches Instrument für die Projektleitung darstellen. Es kann das Management, die Methodik, die Prozesse und den Fertig-
stellungsgrad des Projekts laufend kontrollieren. Fehlentwicklungen können dann leichter

korrigiert werden. Besonders gute Vorgehensweisen können vielleicht auch für andere Projekte als Verbesserungsvorschläge verwendet werden.

Zu diesem Zweck werden die Ergebnisse von Projekt-Audits und Projektabschluss-Reports vom PMO zur weiteren Verwendung archiviert.

5.1.28 Projektabschluss

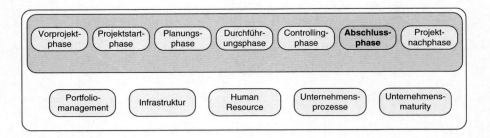

Die Projektabschlussphase ist eine wichtige, dennoch oft vernachlässigte Phase eines Projekts. Da sowohl Projektleitung als auch Projektteam manchmal bereits durch neue Aufgaben abgelenkt sind, kann es passieren, dass wichtige administrative Tätigkeiten – z. B. der Abschluss sämtlicher Projektberichte, die Dokumentation der Lessons-Learned und die Archivierung von Berichten für den zukünftigen Gebrauch – übersehen werden.

Das PMO kann Personal bereitstellen, das in der Abschlussphase assistiert. Um sicherzustellen, dass nichts (z. B. Restarbeiten, die noch zu erledigen sind) übersehen wird, kann das PMO weiters eine Checkliste von Aufgaben, die während des Abschlusses erledigt werden sollen, erstellen bzw. in den Projektmanagement-Richtlinien direkt vorschreiben. Dazu kann auch die Bewertung der Kundenzufriedenheit zählen. Fällt diese nicht positiv aus, so sollte das PMO dafür Sorge tragen, dass Maßnahmen entwickelt werden, die sicherstellen, dass sich die aufgetretenen Probleme nicht wiederholen.

Statements aus der Praxis
„Das PMO stellt eine Vorlage für den Abschlussbericht zur Verfügung und sieht eine spezielle Vorgehensweise bei der Projektabnahme durch den internen Projektauftraggeber vor.“

5.2   Funktionen im Bereich Tools und Infrastruktur

Das Projektmanagement-Office wird mitunter mit Angelegenheiten rund um die Projektmanagement-Software betraut. Dies ist ein derart großer Aufgabenbereich, dass er als zentrale Komponente des PMO betrachtet werden kann.

Auch für Aufgaben im Bereich der Infrastruktur lässt sich das Projektmanagement-Office nützlich einsetzen.

Vor allem in diesen beiden Gebieten können Aufgaben auch von oder in Zusammenarbeit mit einer anderen Stelle im Unternehmen durchgeführt werden, z. B. mit der Einkaufs- oder der IT-Abteilung.

5.2.1 Entwicklung von Standards im Software-Bereich

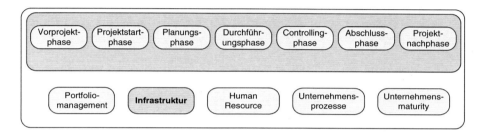

Zur Unterstützung des Projektmanagements steht bekannter weise eine Reihe von Software-Tools zur Verfügung.[1] Die Bandbreite geht dabei von einfachen Office-Tools wie Tabellenkalkulation bis hin zu in ERP-Systeme integrierte unternehmensweit ausgelegte Programm- oder Portfolio-Tools.

Eine Aufgabe des PMO ist die Standardisierung der verwendeten Software-Tools. Dadurch wird gewährleistet, dass die im Unternehmen verwendeten Tools kompatibel zueinander sind, Austauschbarkeit von Dokumenten gesichert wird und Daten auch leichter vergleichbar werden.

5.2.2 Identifizierung von Bedarf an Software

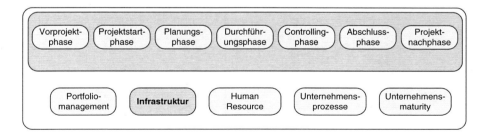

---

[1] Ein brauchbares Modell zur Einteilung von Projektmanagement-Softwareprodukten – das M-Modell – stellen Ahlemann und Backhaus (2006) vor.

Eine der ersten Aufgaben des Projektmanagement-Office in Bezug auf Software ist die Erhebung der Bedürfnisse jedes Projekts bzw. der ganzen Organisation, was Art und Umfang der notwendigen Softwareunterstützung betrifft.

5.2.3   Auswahl und Beschaffung der Software

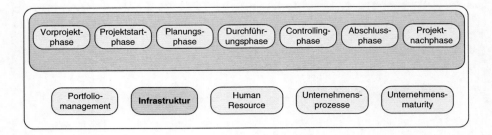

Eine Standardisierung im Software-Bereich bedeutet, dass nicht einzelne Projektmanagerinnen oder Projektmanager, sondern das PMO die Entscheidung trifft, welche Software einzusetzen ist.

Weiters ist das PMO für die Anschaffung von Projektmanagement-Software und weiterer unterstützender Software zuständig. Dazu gehört einerseits die Durchführung von Recherchen, um das beste bzw. passendste Software-Paket für das Unternehmen zu finden, andererseits die Abwicklung des Beschaffungsprozesses bzw. die Abstimmung mit Einkaufs- und IT-Abteilung.

5.2.4   Implementierung, Administration und Wartung der Software

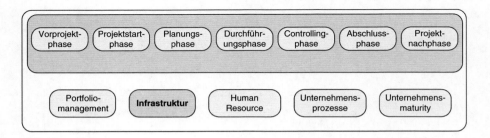

Die Komplexität vieler Tools erfordert spezielles Training zur Installation und zum Betrieb. Um den Projekten zu nutzen, muss die Software auf jeden Fall sauber aufgesetzt sein und aktuelle, verlässliche und stets verfügbare Daten aufweisen.

Das PMO kann bei der Implementierung der Software unterstützend mitwirken oder diese überhaupt durchführen. Auch die Administration und Wartung der Software kann im Aufgabenbereich des PMO liegen bzw. gemeinsam mit der IT-Abteilung erledigt werden.

5.2.5   Unterstützung bei der Anwendung der Software

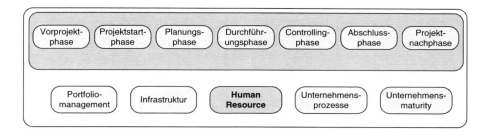

Nach Anschaffung und Inbetriebnahme einer neuen Software oder bei Einstellung eines neuen Mitarbeiters oder einer neuen Mitarbeiterin kann das PMO die jeweiligen Userinnen und User in der Anwendung der Software schulen.

Das PMO kann den Nutzern und Nutzerinnen der Software auch bei auftretenden Fragen während der Anwendung Unterstützung bieten (First- oder Second-Level-Support). Es besteht auch die Möglichkeit, dass das PMO als „Help-Desk" fungiert und für Projektleitung und Projektteam Spezialisten und Spezialistinnen zur Verfügung stellt.

Statements aus der Praxis
„Eine Aufgabe des PMO ist die Entwicklung und Weiterentwicklung von Tools und Prozessen sowie die Durchführung von Schulungen über diese Tools und Prozesse."

5.2.6   Finanzierung der Software-Tools

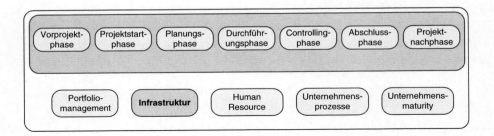

Auch die Finanzierung von Software kann das PMO übernehmen, sodass nicht jedes einzelne Projekt damit belastet wird. Softwarelizenzen werden im Allgemeinen ja nicht für nur eine begrenzte Projektlaufzeit angeschafft, sondern stehen danach auch weiter zur Verfügung. Eine entsprechend gerechte Aufteilung von Kosten – vor allem bei sehr kostenintensiven Produkten – ist also notwendig.

5.2.7   Schnittstellen zu anderen Systemen

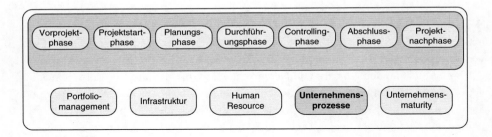

Eine Aufgabe des PMO im Bereich der Software ist die Herstellung von Schnittstellen zu anderen Systemen im Unternehmen. Vor allem bei unternehmensweiter Betrachtung der Projekte wird es immer wichtiger, Schnittstellen zwischen der Projektmanagement-Software und anderen administrativen Systemen – wie z. B. dem Finanz-, dem Beschaffungs- und dem Personalsystem – zu unterhalten.

5.2.8   Etablierung und Wartung eines Projektraums und einer Projektwebsite

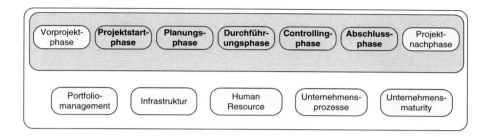

Die gemeinsame Nutzung von Ideen und Daten kann in einem physischen Raum mit unterschiedlichsten Bezeichnungen – wie etwa War-Room, Projektinformations-Raum, Teamraum – oder virtuell (z. B. Wonderland oder Qwaq[2]) stattfinden.

In welcher Form auch immer, dieser „Raum" dient als Ort, an dem sich Mitglieder des Projektteams – virtuell oder physisch – treffen können, um Probleme zu diskutieren. Dieser Raum kann auch dazu dienen, Projektergebnisse, Berichte und Dokumentationen zu warten. Der Teamraum kann weiters Meetingprotokolle und Diskussionsforen – in Papierform oder elektronisch – bereitstellen. Jedes Teammitglied kann Informationen abholen und für andere Teammitglieder speichern.

„*The purpose of this room is to ensure that everyone of the team then knows what is under way with the project. Therefore, accessing the information should be a simple process.*" (Levin und Rad 2002, S. 139).

Das PMO kann für diesen Raum das Management übernehmen. Damit dieser sinnvoll genutzt werden kann, ist es besonders wichtig, ihn regelmäßig zu warten damit sämtliche Informationen stets aktuell sind. Weiters kann das PMO (vor allem neue) Teammitglieder in der Verwendung des Projektraums schulen.

Virtuelle Projekträume oder Websites kommen immer häufiger zum Einsatz. Eine Website kann den physischen Projektraum ersetzen oder zumindest erweitern. Gerade bei geographisch dislozierten Projektteams drängen sich Websites oder virtuelle Welten als Alternative zu physischen Projekträumen geradezu auf.

---

[2] Siehe http://www.openwonderland.org, http://code.google.com/p/openqwaq/ oder http://3dicc.com/; weitere Informationen zu virtuellen Welten im Projekteinsatz sind auch unter http://vicero.fh-vie.ac.at/ zu finden.

5.2.9 Ermittlung der Anforderungen an Arbeitsumgebungen

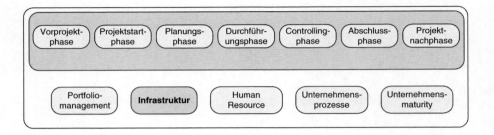

Um festzustellen, ob ausreichend Arbeitsräume für aktuelle und kurzfristige Anforderungen der Projektteams vorhanden sind, kann das PMO regelmäßig eine Evaluierung der bestehenden Arbeitsplätze vornehmen. Dabei können folgende Punkte in Betracht gezogen werden (vgl. Hill 2008, S. 245):

- benötigte Größe verschiedener Arbeitsbereiche/-plätze,
- gemeinsam genutzte Büroflächen für unterschiedlichste Zwecke wie Meetingräume, Pausenräume etc.,
- Möbel und Einrichtungsgegenstände (Tische, Stühle, Regale, Lampen usw.),
- Identifizierung von Sicherheitsbedürfnissen wie z. B. Zutrittskontrollen.

5.2.10 Ermittlung der Anforderungen an diverse Einrichtungen

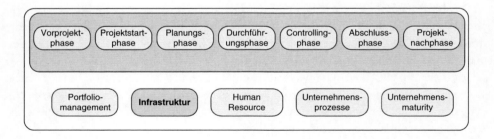

Das PMO kann ein „Standard-Equipment-Package" definieren, das für sämtliche Projektmitarbeiterinnen und -mitarbeiter benötigt wird. Weiters kann es gemeinsame Ausstattungen für alle Teammitglieder bestimmen. Gemeinsame Ausstattung für das Projektteam können beispielsweise Drucker, Plotter, Scanner, Erste-Hilfe-Kasten oder Möbel für Meetingräume sein.

Zusätzlich können spezielle Einrichtungen, die lediglich von einem oder einigen Projektteam-Mitgliedern benötigt werden, identifiziert werden. Zu den individuellen Anforderungen können z. B. Computer, Software, individuelle Büro- und Spezialausstattungen gezählt werden. Beispiele für spezielles Equipment sind Dienstfahrzeuge, spezielle Hardware oder Spezialwerkzeuge.

Es kann neben der Ermittlung von Anforderungen die Beschaffung selbst ebenfalls Aufgabe des PMO sein.

5.3   Funktionen für das Projektteam

Dieser Aufgabenblock befasst sich in erster Linie mit den Menschen, die in den Projekten arbeiten. Hier sind also neben inhaltlichen Kenntnissen auch soziale Fähigkeiten des PMO gefragt.

5.3.1   Kommunikation

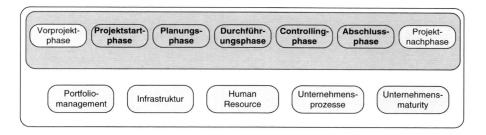

„Für ein florierendes Projekt ist eine gute Kommunikationskultur innerhalb des Projektteams Gold wert...“ (Ertmer und Mütter 2006). Wichtig sind dabei nicht nur die offiziellen, formalen Kommunikationskanäle, wie sie (idealerweise) im Projekthandbuch dokumentiert sind (wie regelmäßige Meetings, Berichtswesen, Eskalationsprozesse usw.), sondern insbesondere auch die informellen Wege, die in keinem Dokument zu finden sind. Informelle Kommunikation kann nicht erzwungen werden. Dennoch kann sich das PMO bemühen, günstige Rahmenbedingungen dafür zu schaffen. Freilich muss bzw. kann nicht sämtliche Kommunikation über bzw. durch das PMO laufen, aber in einigen Fällen wie z. B. dem Kick-off-Meeting, Status- oder Fortschrittsberichten, Lessons-Learned-Berichten oder den Abschlussberichten ist eine Einbeziehung des PMO wichtig, um diese Informationen auch später für das Wissensmanagement nutzen zu können.

Jeder individuelle Projektplan sollte einen Kommunikationsplan[3] enthalten und die im Unternehmen angewendete Projektmanagement-Methodik soll die minimalen Anforderungen für Kommunikation mit Stakeholdern und dem PMO klar festlegen.

---

[3] siehe die IPMA- und PMI-Standards.

5.3.2   Erhöhung der Personalressourcen (Augmentation)

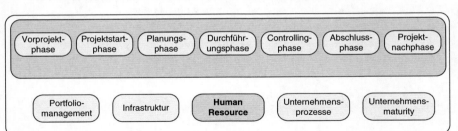

Eine der direktesten Steuerungen von Projektleistung ist die „Vermehrung" von Personal. Das PMO stellt dabei dem Projekt temporär Personal für die Durchführung bestimmter Aufgaben zur Verfügung, um z. B. Ausfälle zu kompensieren oder wenn ganz spezifische Fähigkeiten gebraucht werden, die im Projektteam nicht vorhanden sind.

Diese temporär zur Verfügung gestellten Projektmitarbeiter und -mitarbeiterinnen können zusätzliche Arbeitsstunden für das Projekt leisten oder auch dazu beitragen, Best-Practices und Unternehmensmethoden in das Projekt einfließen zu lassen.

5.3.3   Mentoring

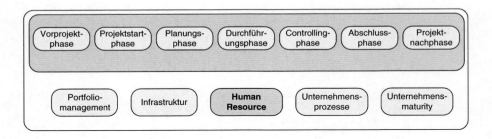

Im Falle von Mentoring hat das Projekt – im Gegensatz zur oben beschriebenen Personal-aufstockung – die richtige Anzahl an Teammitgliedern. Die vorhandenen Mitarbeiterinnen und Mitarbeiter weisen jedoch nicht alle die für die Erfüllung einzelner Projektaufgaben notwendigen Kompetenzen auf. Bewährte Expertinnen und Experten können dann einzelnen Teammitgliedern zur Seite gestellt werden, um diese Defizite auszugleichen und mit Rat und Tat zur Seite zu stehen.

Diese Person arbeitet Seite an Seite mit dem betroffenen Teammitglied und zwar so lange und so oft es notwendig ist, aber nur bis zu dem Zeitpunkt, an dem der Mitarbeiter oder die Mitarbeiterin und die Projektleitung davon überzeugt sind, dass das Teammitglied seine Aufgaben auch ohne direkte Intervention des Mentors oder der Mentorin erfüllen kann.

5.3.4 Consulting und Coaching

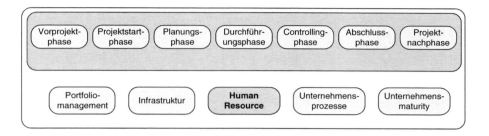

Consulting und Coaching sind Arten der Unterstützung, die gewählt werden, wenn Projektteam-Mitglieder sich zwar in der Lage fühlen, die meisten ihrer projektbezogenen Aufgaben eigenständig zu erbringen, jedoch eine Sicherstellung der Richtigkeit ihrer Analysen und Annahmen durch einen erfahrenen Experten oder eine erfahrene Expertin wünschen. Es kann davon ausgegangen werden, dass das Team im Laufe der Zeit kompetenter und erfahrener wird und die Fälle von Consulting und/oder Coaching daher im Zeitverlauf abnehmen. Die Trennung der zwei Begriffe ist nicht immer ganz einfach, generell widmet sich das Consulting der Beratung und Unterstützung von Organisationen (ein ganzes Projekt ist eine temporäre Organisation), während Coaching als Unterstützung Individuen (also z. B. einzelne Personen aus einem Projektteam) zuteil wird.

5.3.5 Training

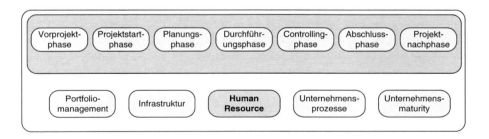

Zeitdruck und flottes Tempo, die üblicherweise mit Projekten in Zusammenhang stehen, führen häufig dazu, dass Personalaufstockung, Mentoring und Consulting als Ersatz für Training dienen. In den Fällen, in denen es die Dringlichkeit des Projekts erlaubt, ist formales Training der nächste logische Schritt.

Personalaufstockung, Mentoring und Consulting ermöglichen es den Projektteam-Mitgliedern, zufrieden stellende Leistungen für ein bestimmtes Projekt zu erbringen. Im Gegensatz dazu erweitert Training die allgemeinen Kompetenzen einer Organisation längerfristig und verbessert die Leistungsfähigkeit von (Projekt-)Mitarbeiterinnen und Mitarbeitern bzw. Projektmanagern und Projektmanagerinnen.

Das PMO spielt eine zentrale Rolle bei der Weiterbildung von Projektmanagerinnen, Projektmanagern und Mitgliedern des Projektteams. Es kann, oft auch gemeinsam mit externen Anbietern, maßgeschneiderte Aus- und Weiterbildungsprogramme, die zu den unternehmenseigenen Standards und zur jeweiligen Unternehmenskultur passen, entwickeln und bereitstellen.

Statements aus der Praxis
„Das PMO plant und koordiniert Ausbildung und Zertifizierungen für Projektleiterinnen und Projektleiter."

5.3.6   Konfliktmanagement

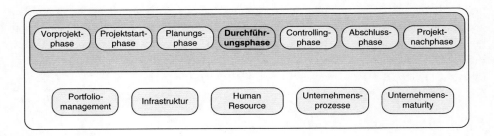

Eine Herausforderung im Projektmanagement ist der Umgang mit Konflikten. Die Projektleitung hat dafür zu sorgen, dass diese gelöst werden bzw. – im Fall von persönlichen Streitigkeiten – dass der Effekt auf die Projektarbeit so gering wie möglich ist. Manche Konflikte sind jedoch zu heikel oder liegen nicht im Handlungsbereich des Projektmanagements.

In solchen Fällen kann ein PMO behilflich sein, Lösungen zu finden. Das kann durch direkte Gespräche mit den Streitparteien geschehen, durch Mediation zwischen den Kontrahenten oder auch dadurch, dass andere Personen oder Stellen aus der Unternehmung involviert werden, um bei der Konfliktlösung zu helfen (z. B. im Zuge einer klaren lösungsorientierten Eskalation).

Statements aus der Praxis
„Wenn es Probleme in Projektteams gibt, steht das PMO beratend zur Seite."

5.4   Funktionen für die Projektleitung

Wie bereits erwähnt, lassen sich die Funktionen des PMO schwer einteilen. Die meisten oben erwähnten Tätigkeiten dienen auch zur Unterstützung der Projektleitung. In diesem Abschnitt wird daher verstärkt auf Themen wie die Entwicklung von Projektmanagern und Projektmanagerinnen und den Projektmanagement-Karrierepfad eingegangen.

5.4.1   Einstellung von Projektleiterinnen und -leitern

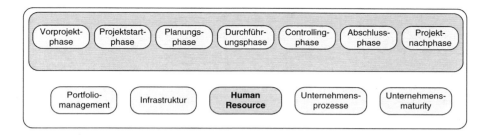

Bei der Bestellung von Projektmanagern bzw. -managerinnen ist zuerst zu entscheiden, ob eine neue Kraft angestellt oder eine bestehende Person eingesetzt werden soll. Interne Kräfte haben den Vorteil, dass sie das Unternehmen und seine Organisation schon kennen und auch schon Kontakt zu vielleicht für das Projekt nützlichen Kolleginnen und Kollegen haben.

Das PMO kann zu diesem Zweck eine Liste von Kriterien für die Evaluierung der internen Kandidaten und Kandidatinnen aufstellen. Gibt es keine passende Person für den Projektmanagement-Posten innerhalb des Unternehmens, so muss nach neuen Arbeitskräften Ausschau gehalten werden. *„Hiring a project manager is no different from hiring any other senior person, and, as in any hiring process, you will need a set of questions and appropriate responses"* (Hallows 2002, S. 61). Das PMO kann hier bei der Entwicklung des Fragenkatalogs mitwirken.

5.4.2   Zuordnung von Projektmanagern und Projektmanagerinnen zu Projekten

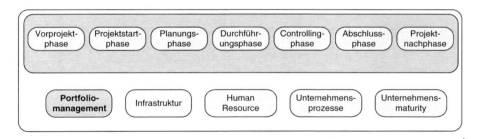

Eine mögliche Funktion des PMO ist die Zuordnung von Projektmanagern und -manage-
rinnen zu Projekten. Wenn man bedenkt, dass das PMO über die Verfügbarkeit der Projektleiterinnen und -leiter innerhalb des Unternehmens Bescheid wissen sollte, erscheint
dies vernünftig. Bei der Zuordnung geht es aber nicht nur um den Abgleich der Ressour-
cenauslastung. Auch die Erfahrung der in Frage kommenden Personen, ihre Beziehung
zum Kunden und einige Faktoren mehr sind dabei zu berücksichtigen. Nur wenn all diese
Informationen im PMO verfügbar sind, ist es sinnvoll, die Zuordnung in seinen Verantwortungsbereich zu legen.

5.4.3   Mentoring für unerfahrene Projektmanager und –managerinnen

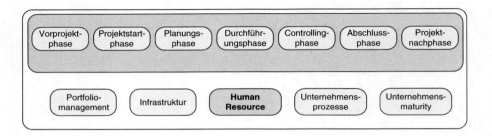

Eine durchaus erprobte Methode, um noch wenig erfahrene Projektmanager und -mana-
gerinnen zu unterstützen, ist, ihnen Senior-Kollegen und -Kolleginnen als Mentoren bzw.
Mentorinnen zur Seite zu stellen.

Das PMO kann bei der Organisation der Mentor-Beziehung unterstützend mitwirken
oder selbst Mentoren und Mentorinnen bereitstellen.

> **Statements aus der Praxis**
> „Werden zwar fachlich gute Projektleiter oder -leiterinnen eingesetzt, die jedoch
> in der Methodik des Projektmanagements nicht so versiert sind, steht das PMO in
> Form von Consulting und Mentoring helfend zur Seite."

5.4.4   Schaffung von Gelegenheiten zur gegenseitigen Hilfe

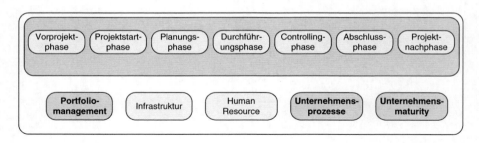

Ähnlich wie Mentoring sind die Gelegenheiten zur gegenseitigen Unterstützung zu sehen. Hier soll den Projektleiterinnen und -leitern die Möglichkeit zum Austausch und zur Diskussion in einer geeigneten Atmosphäre gegeben werden. Das heißt aber nicht, dass dies immer in der Richtung von Senior zu Junior stattfinden muss – hier sind alle Richtungen des Austausches erlaubt und gewünscht.

Diese gegenseitige Hilfe kann in zwei Formen erfolgen. Die erste Möglichkeit ist die Schaffung eines Umfeldes, in dem sich die Kolleginnen und Kollegen frei fühlen, sich mit anderen über ihre Probleme und Vorschläge auszutauschen. In solchen Fällen kann man Projektmanagerinnen und -manager beobachten, die sich beispielsweise gemeinsam zum Kaffee treffen oder miteinander zum Mittagessen gehen.

Eine andere, formellere Vorgehensweise ist die Durchführung von regelmäßigen Meetings mit einer Gruppe von Projektmanagern und -managerinnen, um Projekte zu besprechen und Probleme zu diskutieren (z. B. in Qualitätszirkeln). In beiden Fällen kann das PMO für ein entsprechendes Umfeld sorgen, das den gegenseitigen Informationsaustausch fördert (z. B. um neue Kolleginnen und Kollegen in den Kreis der bestehenden Projektleiter und Projektleiterinnen zu integrieren).

Statements aus der Praxis

„Das PMO organisiert regelmäßig Treffen zwischen Projektleitern und Projektleiterinnen.“

„Die Organisation eines Projektmanagement-Stammtisches soll den Projektleiterinnen und Projektleitern die Möglichkeit des gegenseitigen Austausches bieten.“

„Eine ein- bis zweimal jährlich stattfindende zwei- oder dreitägige Veranstaltung ermöglicht einen Erfahrungsaustausch für unsere Projektmanagerinnen und Projektmanager.“

5.4.5   Beschreibung von Projektmanagement-Positionen

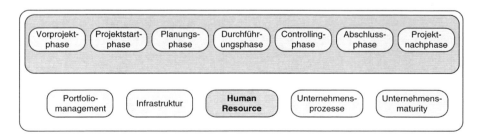

Viele Unternehmen haben keine Standard-Stellenbeschreibungen für ihre Projektmanagement-Positionen. Existieren doch Stellenbeschreibungen, so tendieren diese dazu, spezifische durchzuführende Arbeiten zu beschreiben, anstelle der benötigten Fähigkeiten, um diese Arbeiten zu erledigen. Weiters hat der Titel „Projektmanager/in" unterschiedliche Bedeutungen in unterschiedlichen Unternehmen.

Da ein PMO den vollen Überblick über die unternehmerischen Ziele und die Eigenschaften der projektbezogenen Personalressourcen hat, ist es in einer guten Position, eine Liste verschiedener Stufen von Projektmanagement-Positionen zu entwickeln. Das PMO kann Stellenbeschreibungen mit Aufgaben und Verantwortlichkeiten jeder dieser Stufen entwerfen.

Diese Beschreibungen enthalten schließlich auch die spezifischen Projektmanagement-Skills, die notwendig sind, um diese Aufgaben auch erfolgreich durchzuführen. Anhand dieser Kompetenz-Beschreibungen und des Wissens über die verfügbaren Personen im Unternehmen kann das PMO nicht nur die Mitarbeiter und Mitarbeiterinnen effektiv den Projekten zuordnen helfen, sondern auch kurz- und langfristigen Schulungsbedarf identifizieren.

5.4.6   Evaluierung der Projektleitung

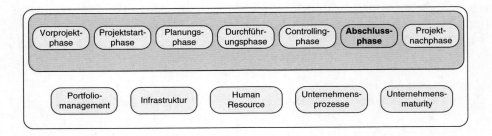

Das PMO kann am Ende jedes Projekts eine Evaluierung der Projektleitung durchführen. Die Evaluierung kann zur Identifikation von Verbesserungspotenzialen und Schulungsmaßnahmen herangezogen werden.

Als Bewertungskriterien können beispielsweise die erbrachte Leistung im Vergleich zum Plan, Feedback vom Projektteam, der Umgang mit dem Kunden oder die Verwendung von Standards herangezogen werden.

Statements aus der Praxis
„Das PMO berichtet der Geschäftsführung im Zuge von Quartalsberichten regelmäßig, ob und wie intensiv die Projektleiterinnen und Projektleiter unsere internen Projektmanagement-Standards anwenden."

5.4.7 Projektmanagement-Karrierepfad und Beruf der Projektmanagerin/des Projektmanagers

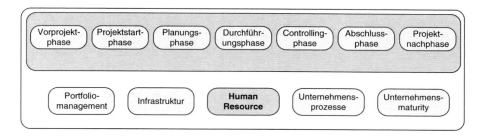

Crawford ist zum Beispiel der Ansicht, dass Projektmanagement innerhalb einer Organisation als Beruf anerkannt sein muss. Er schreibt: *„There must be a career path for project managers, complete with competitive salaries and opportunities for professional development and promotion"* (Crawford 2002, S. 62).

Die Entwicklung eines offiziellen Projektmanagement-Karrierepfads ist eine mögliche Aufgabe eines PMO. Als Ergebnis sollte eine ganze „Familie" an Positionen im Aufgabengebiet des Projektmanagements erarbeitet werden, die auch unterschiedliche Berufsaussichten für verschiedene Leute eröffnen soll und dabei für das Unternehmen eine Basis von sachkundigen Beschäftigten im Bereich des Projektmanagements schafft.

Ist die Disziplin des Projektmanagements im Unternehmen nicht als Beruf anerkannt, werden Projektmanager und Projektmanagerinnen das Projektmanagement als zusätzliche Pflicht zu den laufenden technischen Verantwortlichkeiten sehen. Um befördert zu werden, sind sie daher gezwungen, zu ihren technischen Abteilungen zurückzukehren. *„Project managers must have a clear promotion path to senior positions by excelling in the practice of project management"* (Crawford 2002, S. 62).

Statements aus der Praxis
„Das PMO unterstützt den HR-Bereich bei der Etablierung so genannter Jobfamilien durch Formulierung von Rollendefinitionen."

„Das PMO verfolgt das Ziel, einen Pool aus Projektmanagerinnen und Projektmanagern aufzubauen, und möchte damit das Bewusstsein schärfen, dass der Job der Projektleiterin bzw. des Projektleiters nicht nebenbei zu anderen Linientätigkeiten ausgeübt werden kann."

5.4.8   Eskalationspfad für Probleme

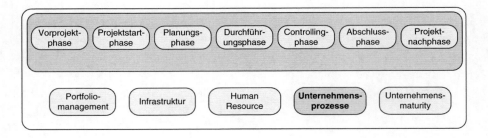

In vielen Projekten tauchen Probleme auf, die eine Information an das Management oder eine Eskalation erfordern. Bei ersterer wird das Management von einem Sachverhalt in Kenntnis gesetzt, es muss aber selbst nicht aktiv werden. Bei einer Eskalation wird aber erwartet oder sogar gebeten, dass das Management aktiv Schritte setzt.

Das PMO kann die Projektleitung dabei unterstützen, ihr Anliegen an die „richtige" Stelle im Unternehmen zu kommunizieren bzw. um Unterstützung anzusuchen – das muss ja nicht immer gleich die Geschäftsführung selbst sein. Das PMO muss also die internen Strukturen des Unternehmens kennen und wissen, welche Personen oder Abteilungen für welche Aspekte verantwortlich sind. Somit wird sichergestellt, dass sich die Projektleitung in den jeweiligen Fällen an den richtigen Ansprechpartner bzw. die richtige Ansprechpartnerin wendet.

5.4.9   Linienmanagement für Projektmanagerinnen und -manager

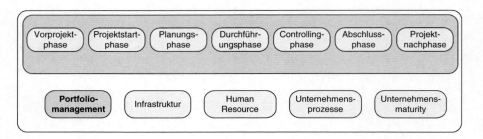

Auch Projektmanagerinnen und -manager müssen – wie alle anderen Mitarbeiter und Mitarbeiterinnen – geführt werden. Sie brauchen klare Vorgaben, Abgrenzungen und Erwartungen. Diese Funktion kann beim Linienmanagement bleiben oder ein Teil der Verantwortung des PMO werden. Im letzteren Fall haben die Projektmanager und -managerinnen an das Management des PMO zu berichten, das für ihre Leistungen und Karrieren zuständig ist.

Ob es sinnvoll ist, die Führung der Projektmanager und -managerinnen in das PMO auszulagern, hängt von der Anzahl der Projekte im Unternehmen ab. Ist die Gruppe der

Projektverantwortlichen genügend groß, verdienen es diese Mitarbeiterinnen und Mitarbeiter auch, gemeinsam und einheitlich geführt zu werden.

Dies beeinflusst die benötigten Qualifikationen der PMO-Leitung. Gehört es zu ihren Aufgaben, die – meist erfahrenen – Projektmanager und -managerinnen zu leiten, benötigt sie entsprechende Führungsqualitäten und idealerweise selbst Erfahrung beim Leiten von Projekten.

Bietet das PMO hingegen lediglich Support-Funktionen und ist daher die Managementverantwortung auf die Mitarbeiter und Mitarbeiterinnen des PMO beschränkt, müssen die Führungsfähigkeiten nicht derart gegeben sein.

5.4.10   Unterstützung für Projektleiterinnen und Projektleiter, die gleichzeitig Teammitglied sind

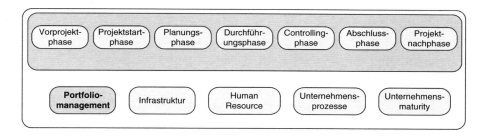

Besonders in kleinen Unternehmen kommt es häufig vor, dass der Projektleiter oder die Projektleiterin auch inhaltlicher Spezialist bzw. inhaltliche Spezialistin ist und daher im Projekt selbst mitarbeiten muss und für technische Leistungen verantwortlich ist. Oft wird in solchen Fällen die Rolle des technischen Mitarbeiters bzw. der technischen Mitarbeiterin stärker wahrgenommen, während die Rolle als Projektmanager oder -managerin – meist aufgrund von Zeitmangel – vernachlässigt wird.

Das PMO kann solche „Teilzeit-Projektmanager" auf folgende Arten unterstützen (vgl. Hallows 2002, S. 81 f.):
- konkrete und zeitabhängige Erwartungen an die Projektleitung stellen,
- Vorgabe einer Zeitstruktur (beispielsweise muss der Projektmanager bzw. die Projektmanagerin während der Projektplanung zu 100 % für Projektmanagement-Tätigkeiten zur Verfügung stehen),
- Ermutigung zur Arbeitszuteilung; die Projektleiterin bzw. der Projektleiter muss lernen, Aufgaben zu delegieren.

5.4.11 Unterstützung für Personen, die mehrere Projekte gleichzeitig leiten

```
┌──────────────────────────────────────────────────────────────────────────┐
│  ╭──────────╮ ╭──────────╮ ╭────────╮ ╭────────╮ ╭──────────╮ ╭─────────╮ ╭────────╮  │
│  │ Vorprojekt-│ │ Projektstart-│ │ Planungs-│ │ Durchführ-│ │ Controlling-│ │ Abschluss-│ │ Projekt-│  │
│  │  phase   │ │  phase   │ │  phase │ │ ungsphase│ │  phase   │ │  phase  │ │nachphase│  │
│  ╰──────────╯ ╰──────────╯ ╰────────╯ ╰────────╯ ╰──────────╯ ╰─────────╯ ╰────────╯  │
└──────────────────────────────────────────────────────────────────────────┘
  ╭──────────╮ ╭──────────╮ ╭────────╮ ╭──────────────╮ ╭──────────────╮
  │Portfolio-│ │Infrastruktur│ │ Human  │ │Unternehmens- │ │Unternehmens- │
  │management│ │          │ │Resource│ │  prozesse    │ │  maturity    │
  ╰──────────╯ ╰──────────╯ ╰────────╯ ╰──────────────╯ ╰──────────────╯
```

"... there are two problems that arise that can confuse and frustrate those who are expected to manage more than one project simultaneously: time management and setting priorities among projects" (Hallows 2002, S. 83).

Ist im Unternehmen ein Zeitmanagementsystem etabliert, ist es Aufgabe des PMO sicherzustellen, dass die Projektmanager und -managerinnen dieses System akzeptieren, verwenden und auch entsprechend geschult sind. Ist ein solches System nicht vorhanden, so kann das PMO selbst Richtlinien oder Empfehlungen dafür erarbeiten.

Die Rolle des PMO in Bezug auf die Prioritätensetzung zwischen Projekten ist jene, den betroffenen Projektmanagerinnen und -managern helfen zu entscheiden, was wichtig ist. Es hat die Aufgabe, einen Mechanismus einzurichten, der eine Priorisierung zwischen Projekten ermöglicht. Das kann zum Beispiel im Rahmen eines Projektportfolio-Managementsystems (siehe auch den nächsten Abschnitt) implementiert werden.

5.5 Funktionen für das ganze Unternehmen

Der letzte Aufgabenblock widmet sich nicht mehr einzelnen Projekten oder Personen, sondern dient dem Unternehmen als Ganzes.

5.5.1 Wissensmanagement

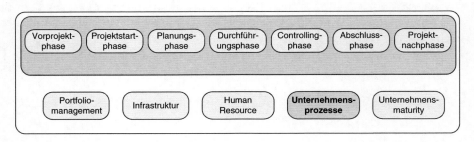

"Eine wesentliche Aufgabe des Projektmanagement-Office ist die Pflege und Weiterentwicklung des Projekt-Know-hows" (Patzak und Rattay 2014, S. 634).

Dazu gehören die Erarbeitung, Aufzeichnung, Verfeinerung, Archivierung und Verteilung von Best-Practices im Projektmanagement. Der Vorrat an Informationen entwickelt sich fortlaufend weiter. Das PMO wartet Projektarchive mit Daten über Projektumfänge, Projektkosten, Zeitpläne, Qualität und Risiken. Zusätzlich kann eine Liste von Problemen vorhergehender Projekte allen neuen Projekten verfügbar gemacht werden. So können neue Projekte auf den Erfahrungen aus der Vergangenheit aufbauen.

Es reicht aber nicht aus, nur Daten zu sammeln und abzulegen. Die Datensammlung kann nur der Startpunkt sein. Der Schlüssel ist, die Daten und deren Analysen in einer Form aufzubereiten, die zugänglich, zuverlässig und leicht nutzbar für zukünftige Projekte ist. Ein Leitfaden zur Nutzung dieser Daten kann dabei zusätzlich hilfreich sein (vgl. Pircher 2010, S. 47).

Häufig besteht das Problem, dass eine Wissensdatenbank zwar gerne genutzt wird, viele Mitarbeiterinnen und Mitarbeiter aber ihre eigenen Erfahrungen nicht zur Verfügung stellen, *„… da dies Aufwand erzeugt und der Informationsvorsprung, der für manche Menschen auch ein Machtmittel ist und das Selbstbewusstsein stärkt, verloren geht. Wenn diese Haltung im Unternehmen verbreitet ist, kann ein Wissensmanagement auf Basis dokumentierter Erfahrungen nicht funktionieren"* (Patzak und Rattay 2014, S. 635).

Es müssen in der Praxis daher die entsprechenden Rahmenbedingungen und Anreizsysteme gestaltet und etabliert werden, die dann aber auch über den Projektmanagement-Kontext hinaus das ganze Unternehmen betreffen. *„Die Anreize sollen einem wissensorientierten Verhalten im Sinne der Organisation nicht entgegenstehen, sondern dieses tendenziell fördern. Für die Mitarbeiter [und Mitarbeiterinnen] sollte es keine Nachteile bringen, wenn sie mit anderen Wissen teilen und entwickeln"* (Pircher 2010, S. 50). Hier kann das PMO sinnvoll an der Schnittstelle zwischen der Welt der temporären Projektorganisationen und der Stammorganisation agieren.

Es ist die Aufgabe des PMO, den Nutzen und die Wirkungsweisen des Wissensmanagements an alle Projektmitarbeiterinnen und -mitarbeiter zu kommunizieren. Dazu gehören auch die Festlegung von Spielregeln, wie mit dem Wissen umgegangen wird, und die Wertschätzung der Wissensgeberinnen und Wissensgeber.

„Aktive Kommunikation der Know-how-Träger in Präsentationen, Vorträgen, Beiträgen in Zeitschriften und Sichtbarwerden gegenüber dem Management können in derartigen Situationen fördernde Impulse sein." (Patzak und Rattay 2014, S. 635)

Das PMO kann weiters Erfahrungsaustausch-Workshops zwischen den Projektleiterinnen und Projektleitern organisieren, aktuelle Vorträge zu neuen Trends und Erkenntnissen vorbereiten und die Ergebnisse all dieser Maßnahmen in einer Wissensbibliothek sammeln und sicherstellen, dass die Projektleitungen jederzeit auf dieses Organisations-Know-how zugreifen können – also die Rahmenbedingungen für einen aktiven Wissensaustausch gestalten.

Statements aus der Praxis
„Im PMO werden Dokumentationen aller Projekte gesammelt, die von den Mitarbeiterinnen und Mitarbeitern jederzeit eingesehen werden können, wenn es z. B. darum geht, ein ähnliches Projekt zu planen."

5.5.2   Entwicklung von Ausbildungsplänen

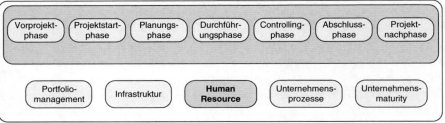

Auf das Training der Mitarbeiter und Mitarbeiterinnen wurde bereits eingegangen. Unternehmensweite Aufgabe des PMO ist es zusätzlich, zielgruppenspezifische Ausbildungspläne zu konzipieren und die entsprechenden Schulungsmaßnahmen zu organisieren.

Gut konzipierte und abgestimmte Aus- und Fortbildungsmaßnahmen helfen, die unternehmenseigenen Projektmanagement-Standards und Richtlinien besser bei den Mitarbeiterinnen und Mitarbeitern verankern zu können. Auch wenn eine eigene Abteilung für die Koordination von Trainings zuständig ist (z. B. die HR-Abteilung), kann das PMO in dieser Hinsicht einen Beitrag leisten. Dazu gehören die Beratung bei der Auswahl des Lehrstoffes, die Identifikation passender Trainings und die Mitbestimmung bei der Auswahl der Trainerinnen und Trainer. Es ist besonders darauf zu achten, dass sich gerade die Schulungen, die von externen Anbietern zugekauft werden, auf die im Unternehmen entwickelte Projektmanagement-Methodik beziehen.

Statements aus der Praxis

„Das PMO sorgt dafür, dass ein gewisser Projektmanagement-Mindestausbildungslevel im Unternehmen existiert, indem es einen generischen Schulungsplan für alle Mitarbeiterinnen und Mitarbeiter, die in Projekten tätig sind, erarbeitet."

„Ausbildung, Weiterbildung und Zertifizierung bilden einen der Schwerpunkte des PMO."

„Das PMO ist für Kompetenzaufbau im Projektmanagement zuständig und beheimatet das Projektmanagement-Wissen."

5.5.3   Projektportfolio-Management

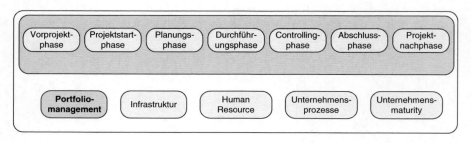

Hat das PMO eine zentrale Position im Unternehmen, so verfügt es über eine Gesamtübersicht über alle Projekte und projektrelevanten Themen. Es bietet sich somit an, dass das PMO das unternehmensweite Projektportfolio-Management unterstützt oder sogar durchführt. Dabei kann das PMO einige Leistungen beisteuern (vgl. Patzak und Rattay 2014, S. 638):

- Entwicklung und Pflege von Projektportfolio-Kennzahlen und Berichten,
- Erstellung von Berichten,
- Erarbeitung von Entscheidungsunterlagen für das Management,
- Entscheidungen aus der Managementebene in die Projektebene weitergeben und für ihre Einhaltung sorgen.

Eine weitere Aufgabe im Zusammenhang mit dem Projektportfolio ist die Projektpriorisierung. Hier sollte ein objektiver (Kriterien) und konsistenter Prozess implementiert werden, um Projekte zu selektieren und zu starten bzw. gegebenenfalls auch zu beenden. Das PMO als neutrale, objektive Stelle kann diese Kriterien und Prozesse am besten entwickeln.

Da in der Regel nicht ausreichend Ressourcen oder Kapital zur Verfügung stehen, um in jede Projektidee zu investieren, gilt es, jene auszuwählen, die die Vision, Mission und Ziele des Unternehmens am besten unterstützen.

Dabei muss das PMO aber nicht unbedingt selbst diese Priorisierung vornehmen, sondern kann lediglich die Rahmenbedingungen dafür schaffen, damit diese Entscheidungen von den jeweiligen Managementverantwortlichen objektiv getroffen werden können.

Sobald eine Entscheidung über die Durchführung eines Projekts getroffen wurde, sorgt das PMO für eine korrekte, formale Beauftragung und kommuniziert die Entscheidung an den Projektantragsteller oder die -antragstellerin sowie an den Rest des Unternehmens (vgl. Levin und Rad 2002, S. 148 f.).

Das PMO dokumentiert auch, welche Projekte letztendlich ausgewählt bzw. nicht ausgewählt wurden und warum (z. B. wegen Ressourcenengpässen) diese Entscheidungen getroffen wurden. Vielleicht können nicht ausgewählte Projekte zu einem späteren Zeitpunkt nochmals in Betracht gezogen werden.

Da sich die Rahmenbedingungen (Ressourcen, Unternehmensstrategien u. ä. m.) im Zeitverlauf verändern können, kommt dem PMO auch Bedeutung bei der laufenden Neubewertung der Priorisierung zu. Zu diesem Zweck kann das PMO eine Bewertung aller laufenden Projekte durchführen, um sicherzustellen, dass diese weiterhin ihren Beitrag zu den organisatorischen Zielen leisten. Ziel ist es auch, jene Projekte zu identifizieren, die noch nicht abgeschlossen wurden und daher weiterhin Ressourcen verbrauchen, ohne aber konkrete Ergebnisse zu liefern.

Die Folge kann sein, dass solche Projekte abgebrochen werden müssen, weil sich Geschäftsbedingungen geändert haben, Kosten höher sind als erwartet oder der zulässige/geplante Ressourcenverbrauch überschritten wurde.

Statements aus der Praxis

„Hauptmotivation für die Etablierung des PMO lag in der rapide ansteigenden Zahl an Programmen. Man hat erkannt, dass diese nicht irgendwie nebeneinander herlaufen können, sondern dass es eine Stelle geben muss, die einen konsolidierten Blick auf diese wirft.".

„Ein klarer Vorteil des PMO ist, dass es eine jederzeit verfügbare Übersicht über das gesamte Projektinvestitionsvolumen bietet."

„Die vom PMO erstellten Quartalsberichte geben der Geschäftsführung einen Überblick über den aktuellen Stand aller Projekte."

„Ein besonderer Vorteil am PMO ist, dass es eine zentrale Anlaufstelle für Informationen über das Projektgeschäft bietet."

„Die ursprüngliche Anforderung an das PMO war die Schaffung von Transparenz, was meiner Ansicht nach auch der größte Nutzen ist."

„Den größten Vorteil des PMO sehe ich darin, dass im Unternehmen für alle klar ist, wo die zentrale Stelle für Projekte ist."

„Derzeit liegt der große Vorteil des PMO darin, dass es eine geordnete Stelle darstellt, in der alle Projektinformationen zusammenlaufen. Die Geschäftsführung weiß, an wen sie sich wenden kann, wenn sie Informationen benötigt."

„Zur Entlastung der Geschäftsführung ereilt das PMO Freigabe- und Abnahmeempfehlungen betreffend alle wichtigen Dokumente wie Projektauftrag, Basisplan, Fortschritts- und Abschlussberichte."

„Mit dem Projektportfolio-Management verfolgen wir das Ziel, Projektabhängigkeiten klar zu machen, einen Gesamtüberblick zu gewinnen, zu plausibilisieren und zu priorisieren."

„Das PMO erstellt aus den einzelnen Projektreports einen Portfolioreport und wartet die Projektportfolio-Liste."

5.5.4   Verbesserung der Projektleistung

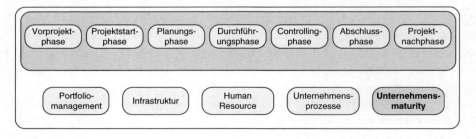

Ein (projektorientiertes) Unternehmen wird stets danach trachten, seine Projektmanagement-Kompetenz und somit seine Projektleistungen zu verbessern. Zu diesem Zweck ist es wichtig, unternehmensweite Ziele zu entwickeln und anschließend den erreichten Fortschritt zu vergleichen. Die Entwicklung von Strategien für die Datensammlung, die Verbesserung der Daten, der Datenanalyse und der Berichterstattung von Ergebnissen der Projektleistungen sind dazu notwendig und können vom PMO vorangetrieben werden. „*To ensure that the organization obtains the best payback from its investment in professional project management, a continuous improvement program, with attention to lessons learned, can serve as the optimal formula for long-term organizational success*" (Levin und Rad 2002, S. 14).

5.5.5   Unterstützung bei der Bewertung der Projektmanagement-Reife

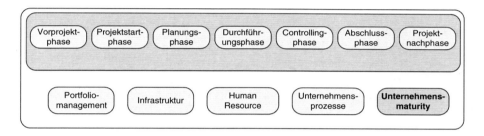

Die Bewertung der Projektmanagement-Reife der ganzen Unternehmung ist Grundlage für die kontinuierliche Verbesserung der Projektmanagement-Praktiken. Bestehende Stärken und Schwächen sollen dabei identifiziert werden und auch die Auswirkungen von gesetzten Maßnahmen über die Zeit beobachtet werden.[4]

Eine Bewertung bietet ein Mittel, mit dem man die Projektmanagement-Fähigkeiten eines Unternehmens mit anderen Unternehmen vergleichen kann.[5] Darüber hinaus sollte eine umfassende Bewertung jene Schritte identifizieren und priorisieren, die das Unternehmen zur Verbesserung seiner Projektmanagement-Fähigkeiten unternehmen muss.

Typischerweise übernimmt das PMO die Führung in der Bewertung und fungiert als Anlaufstelle für diesen Prozess. Daher ist das PMO auch für Vorschläge und die Durchführung des Projektmanagement-Verbesserungsprogramms auf Grundlage der Bewertung verantwortlich. Dabei soll jede Empfehlung aus der Bewertung als Chance für eine Verbesserung betrachtet werden.

---

[4] Die Friedrich-Alexander Universität Erlangen-Nürnberg und die maxence business consulting GmbH veröffentlichen dazu mittlerweile jährlich die sog. „PMO Maturity Studie zum Stand der Institutionalisierung von organisatorischem Projekt- und Programmmanagement".

[5] z. B. Bewertung Österreichs als projektorientierte Gesellschaft anhand eines Maturity-Modells in Gareis und Gruber (2005).

5.5.6   Einführung eines teamorientierten Entlohnungssystems

| Vorprojekt-phase | Projektstart-phase | Planungs-phase | Durchführ-ungsphase | Controlling-phase | Abschluss-phase | Projekt-nachphase |

| Portfolio-management | Infrastruktur | **Human Resource** | Unternehmens-prozesse | Unternehmens-maturity |

In vielen Unternehmen gibt es eine leistungsgerechte Bezahlung, die die einzelnen Mitarbeiterinnen und Mitarbeiter basierend auf ihren individuellen Leistungen belohnt. Derartige Entlohnungssysteme führen dazu, dass Mitarbeiter und Mitarbeiterinnen in erster Linie versuchen, ihre persönlichen und beruflichen Ziele zu erreichen – und das unter Umständen auf Kosten der Projektziele. Weiters können diese Systeme Konkurrenzdenken zwischen Teammitgliedern auslösen, anstatt eine Zusammenarbeit zu fördern. Eine Bewegung in Richtung projektorientierte Organisation könnte misslingen, wenn es keine Möglichkeit der Anerkennung für Teamleistungen gibt.

Um die Wichtigkeit der Projektarbeit im Unternehmen hervorzuheben, kann das PMO das bestehende Entlohnungssystem bewerten und modifizieren, um ein teamorientiertes System zu schaffen. Möglicherweise kann dies in einem ersten Schritt nur für individuelle Projekte umgesetzt werden. Langfristig soll dieses teamorientierte, projektbasierte System jedoch auf das ganze Unternehmen angewendet werden (vgl. Levin und Rad 2002, S. 150).

5.5.7   Aufgaben in Verbindung mit Kennzahlen

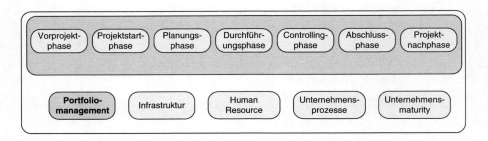

| Vorprojekt-phase | Projektstart-phase | Planungs-phase | Durchführ-ungsphase | Controlling-phase | Abschluss-phase | Projekt-nachphase |

| **Portfolio-management** | Infrastruktur | Human Resource | Unternehmens-prozesse | Unternehmens-maturity |

Im Zusammenhang mit der Entwicklung und Anwendung von (Projektmanagement-) Kennzahlen kann das PMO folgende Aufgaben übernehmen (vgl. Levin und Rad 2002, S. 118):

- führende Rolle bei der Etablierung eines Kennzahlen-Plans durch Identifizierung der Themen und Auswahl der Maßnahmen,
- dafür sorgen, dass nur Daten erhoben werden, die auch verwendet werden,
- Aufbewahrung der Definitionen und Beschreibungen der Zusammenhänge zusammen mit den direkten Messdaten,
- sorgfältige Beschreibung der Methoden von Analyse und Interpretation der gesammelten Informationen,
- Entwicklung von Methoden, die ernste Angelegenheiten erkennen helfen (Abgrenzung zu „normalen" Abweichungen),
- Rückschlüsse auf Daten ziehen, um Entscheidungen und Handlungen abzuleiten,
- Entwicklung von Methoden und Tools, die die Verfahren der Datenerhebung unterstützen und den Prozess der Datensammlung möglichst einfach gestalten,
- Erfassung und Speicherung der Daten, um sie für spätere Analysen, die zu Verbesserungsvorschlägen der Projektprozesse führen sollen, zu verwenden,
- den Mitarbeitern und Mitarbeiterinnen bewusst machen, dass die Kennzahlen als Teil der Projektmanagement-Verbesserungs-Initiative gesammelt werden, um die Effektivität der Prozesse und die Qualität der Produkte zu verbessern.

5.5.8 Strategie-Alignment/Strategie-Ausrichtung sicherstellen

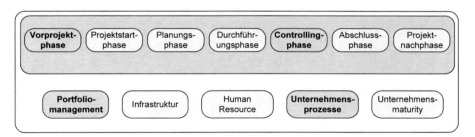

Gerade in Zeiten von Ressourcenknappheit und steigendem Wettbewerbsdruck ist es für Unternehmen wichtig, ihre Projekte nicht nur effizient umzusetzen, sondern schon im Vorfeld nur die Projekte auch zu starten, die mit den strategischen Zielen der Organisation übereinstimmen und für diese Nutzen stiften. Gerade in der Projektvorphase ist es damit notwendig, Projektideen nicht nur zu identifizieren, sondern sie auch darauf zu überprüfen, inwieweit sie mit den strategischen Vorgaben und Zielen des Unternehmens harmonieren. Es muss vermieden werden, dass Projekte aus persönlichen Vorlieben einzelner

Entscheidungsträger oder Entscheidungsträgerinnen gestartet werden oder keinen Beitrag bei der Umsetzung der Unternehmensstrategie leisten. Hier kann das PMO im Vorfeld einen Strategiecheck durchführen und die Entscheidungsträger oder Entscheidungsträgerinnen damit besser auf die Projektbeauftragung vorbereiten.

Es empfiehlt sich, auch die schon laufenden Projekte immer wieder auf ihren Beitrag zur Erreichung der strategischen Ziele hin zu überprüfen. Gegebenenfalls kann das PMO dann Empfehlungen an die Projektauftraggeber und Projektauftraggeberinnen oder Steuerungsgremien aussprechen, um Projekte frühzeitig abzubrechen oder Veränderungen bei den Projektzielen anzuregen.

5.5.9 Wirtschaftlichkeit sicherstellen (Business Case)

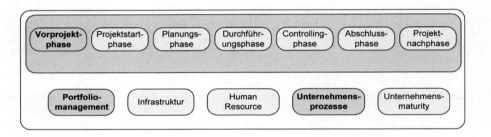

Nicht nur die Ausrichtung an den Unternehmenszielen ist zum Starten einen Projektes wichtig, auch der wirtschaftliche Nutzen eines Projektes soll kritisch betrachtet werden. Gerade wenn unterschiedliche Projektideen um begrenzte Ressourcen konkurrieren, ist eine Gegenüberstellung der erwarteten Kosten mit dem (langfristigen) Nutzen des Projektes anzustellen. Dabei ist die Analyse der Kosten der einfacher abschätzbare Faktor. Die Überlegungen über monetäre und vor allem nicht-monetäre Erfolgskomponenten sind in der Regel schwieriger, weil langfristiger und selten einfach messbar. Umso hilfreicher ist dann die Unterstützung durch ein PMO, das mit der Zeit auch Erfahrungen beim Ausarbeiten von Business Cases aufbauen und damit die Arbeiten in der Projektvorphase kompetent begleiten kann. Auch hat ein PMO die Möglichkeit, im Zuge von Projekt-Evaluationen ex-post die anfänglichen Nutzenüberlegungen zu überprüfen und diese Erfahrungen bei neuen Business Cases anzuwenden.

Zum Abschluss dieses Kapitels sei betont, dass viele PMO nur eine Teilmenge der dargestellten Funktionen abwickeln. Der Rest wird oft in diversen anderen Abteilungen wie z. B. in der IT- oder HR-Abteilung durchgeführt. Wichtig ist vor allem, dass diese Funktionen wahrgenommen werden, an welcher Stelle im jeweiligen Unternehmen sie optimal positioniert sind, ist aber eine interessante Frage, die individuell beantwortet werden muss.

Für eilige LeserInnen

Die Leistungen eines PMO können **unterschiedliche Nutznießer** haben. Die Aufgaben des PMO können einzelnen **Projekten** zu Gute kommen, die **Infrastruktur und Tools** für alle Projekte im Unternehmen verbessern helfen, gezielt die **Projektteams** unterstützen oder die **Projektleitungen** adressieren. Schließlich kann das **Unternehmen im Ganzen** von manchen Tätigkeiten des PMO profitieren.

Bei der **Unterstützung eines einzelnen Projekts** gibt es eine Unzahl von kleineren und größeren Tätigkeiten, die ein PMO sinnvoll supporten kann. Schon bei der Antragstellung oder Angebotslegung und bei der Planung des Projekts können z. B. vom PMO Prozesse und Standards eingebracht werden. Die Startphase, Kick-offs, Hilfe beim Scope- und Risikomanagement, bei der Kostenverfolgung oder beim Steuern von Projekten sind nur einige Möglichkeiten, ein Projekt in der Durchführungsphase hilfreich zu begleiten. Einige notwendige Projektmanagementtätigkeiten wie etwa das Projektmarketing, Qualitätsaudits oder Benchmarking lassen sich vielleicht sogar ganz an ein PMO „outsourcen".

Tool- und Infrastrukturunterstützung ist ein Bereich, der sinnvoll meistens vielen/allen Projekten Nutzen spendet und auch Synergien über Projektgrenzen hinweg schaffen kann. Auswahl, Beschaffung, Einführung und Schulung von Projektmanagementtools (nicht notwendigerweise nur Software) sind für einzelne Projekte meist weniger effizient als im Kontext eines ganzen Projektportfolios.

Die **Projektteams** können mit Know-how (Consulting und Coaching), durch Mentoringprogramme, Trainings, aber auch Hilfe beim Konfliktmanagement unterstützt werden.

Die **Projektleiterinnen und Projektleiter** sind eine der wichtigsten „Konsumenten" der Leistungen eines guten PMO. Das kann schon beim Rekrutieren der richtigen Projektleiter und -leiterinnen beginnen und wird durch die Schaffung von Karriereplänen für Projektpersonal weiter entwickelt.

Mentoring, Etablieren geeigneter Austauschmöglichkeiten unter den Projektleitungen, das Schaffen von Eskalationswegen in Problemfällen sind einige weitere Leistungen des PMO für diese Personengruppe.

Das **Unternehmen** in seiner Ganzheit profitiert z. B. durch geeignetes Wissensmanagement, sinnvolle Ausbildungspläne, ein gelebtes Projektportfolio-Management vom PMO. Auch eine langfristig angestrebte Erhöhung des Projektmanagement-Reifegrades im Unternehmen und bessere Informationen (z. B. durch geeignete Kennzahlen) zur Steuerung des projektorientierten Unternehmens können Produkte eines aktiven PMO sein.

Literatur

Ahlemann, F., & Backhaus, K. (2006). *Project management software systems – requirements, selection procress and products*. München: Oxygon.

Crawford, J. K. (2002). *The strategic project office. A guide to improving organizational performance*. Boca Raton: CRC.

Ertmer, H., & Mütter, J. (2006). Das Projektbüro. Kommunikations- und Informations-Drehscheibe im Projekt. *LDVZ-Nachrichten*, 1/2006. http://www.it.nrw.de/informationstechnik/Services/IT_Veroeffentlichungen/Ausgabenarchiv/ausgabe1_2006/schwerpunkte/z091200651_s7.pdf. Zugegriffen: 1. Sept. 2014.

Gareis, R., & Gruber, C. (2005). Bewertung Österreichs als projektorientierte Gesellschaft anhand eines Maturity Modells, Wien. http://www.wu-wien.ac.at/pmg/forschungsprojekte/abgeschlossen/ab.pdf. Zugegriffen: 23. Okt. 2010.

Hallows, J. E. (2002). *The project management office toolkit. A step-by-step guide to setting up a project management office*. New York: AMACOM.

Hill, G. M. (2008). *The complete project management office handbook*. Boca Raton: Auerbach.

Levin, G., & Rad, P. F. (2002). *The advanced project management office. A comprehensive look at function and implementation*. Boca Raton: CRC.

Patzak, G., & Rattay, G. (2014). *Projektmanagement. Leitfaden zum Management von Projekten, Projektportfolios, Programmen und projektorientierten Unternehmen* (6. Aufl.). Wien: Linde.

Pircher, R. (Hrsg.). (2010). *Wissensmanagement Wissenstransfer Wissensnetzwerke*. Erlangen: Publicis Publishing.

Wischnewski, E. (1999). *Modernes Projektmanagement* (6. Aufl.). Braunschweig: Vieweg.

Aufgabengebiet finden, PMO einführen und verankern

6

Wenn man sagt, dass man einer Sache grundsätzlich zustimmt, so bedeutet es, dass man nicht die geringste Absicht hat, sie in der Praxis durchzuführen. (Otto von Bismarck, 1815–1898, deutscher Reichskanzler)

Es stellt sich die Frage, wie ein PMO konkret am besten eingeführt werden kann. In der Literatur findet man dazu einander recht ähnliche Ansätze. Am häufigsten wird empfohlen, die Einführung selbst als Projekt durchzuführen. Dabei muss jedes Unternehmen Antworten auf ganz essentielle Fragen nach Zielen, dem Zeitraum, möglichen Orten, Schnittstellen, den (ersten) Aufgaben und den notwendigen unterstützenden Maßnahmen für sein spezifisches Einsatzszenario finden.

6.1 Wie beginnen?

Analog zu Projekten ist eine saubere Ziel- und Ergebnisdefinition eine notwendige Aufgabe zur Sicherstellung des späteren Erfolges. Einer der ersten Schritte dabei ist die **Beurteilung der aktuellen Situation** und die **Entwicklung einer Vision** für die Zukunft.

Als nächstes gilt es, die **Rolle und Funktionen des PMO** zu definieren. Besonders wichtig dabei ist es, die Verantwortlichkeiten des PMO im Detail zu definieren (vgl. Method123 2007). Wie bei jedem anderen Projekt auch sind Projektauftrag, Zieldefinition und Meilensteinplan bei der Implementierung eines Projektmanagement-Office unerlässlich (vgl. Crawford 2002, S. 109 ff.) (Abb. 6.1).

Bei der Einführung eines PMO sind Projektmanagement-Wissen und -Erfahrung von großer Bedeutung. Dies gilt vor allem für größere PMO. Externe Consultants können helfen, das PMO zum Laufen zu bringen (vgl. Max Wideman: Project Management Office).

© Springer-Verlag Berlin Heidelberg 2015
G. Ortner, B. Stur, *Das Projektmanagement-Office*,
DOI 10.1007/978-3-662-45277-6_6

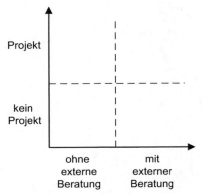

Abb. 6.1 Möglichkeiten bei der Einführung eines PMO

Statements aus der Praxis

„Da die Beteiligten genau wussten, was aus den Projekten heraus an ein PMO gefordert wurde, war die Einbindung eines externen Beraters oder einer externen Beraterin nicht erforderlich."

„Zur Einführung des PMO wurde mit Unterstützung eines Consultingunternehmens ein eineinhalbjähriges Projekt aufgesetzt."

„Zum Aufbau und zur Etablierung des PMO wurde vom damaligen Manager des Projektleiter/-innen-Pools ein Projekt aufgesetzt, das ungefähr ein Jahr dauerte. Die Einführung wurde von einem Consultingunternehmen, mit dem wir auch jetzt noch zusammenarbeiten, unterstützt."

„Zur Implementierung selbst haben wir keine externe Beratung hinzugezogen. Erst als Folge der Einführung hat man sich für die maßgeschneiderte Projektmanagement-Ausbildung einen externen Berater geholt."

„Die Einführung des PMO wurde in Form eines Projekts abgewickelt, das vom derzeitigen Leiter geführt wurde."

„Einen genauen Plan für den Aufbau des PMO hatten wir nicht. Begonnen wurde mit einer Stellenbeschreibung, die zusammenfasst, was in den Aufgabenbereich des PMO fällt."

„Der Nachteil bei der Einführung war, dass es keine Einführungsphase gab. Wir waren sofort operativ tätig, ohne dass Standards und Methoden festgelegt waren."

„Ein externer Berater hat die Startphase begleitet."

„Die Einführung wurde in Zusammenarbeit mit einer externen Beraterfirma vorgenommen."

6.2   Wie lange kann/soll die Einführung des PMO dauern?

Die Einführungsdauer eines PMO betreffend lassen sich nicht einmal grobe Richtwerte nennen, da diese sehr von der Art und den Funktionen des PMO abhängt. Soll das PMO für ein einzelnes konkretes Projekt eingeführt werden, wird dies vermutlich eher rasch erfolgen (müssen). Die Einführung eines unternehmensweiten PMO hingegen muss gut überlegt und geplant sein und wird womöglich in Form eines längeren Projekts durchgeführt. In diesem Zusammenhang stellt sich aber die Frage, ab wann denn ein PMO überhaupt „fertig" ist: Sobald die jeweiligen Mitarbeiterinnen und Mitarbeiter offiziell im PMO tätig sind? Ab dem Bestehen seiner ersten Funktion? Oder aber erst ab der „vollen Ausbaustufe"? – sofern es diese überhaupt gibt (siehe auch Hinweise aus der Praxis über die laufende Weiterentwicklung der PMO).

Daher geben an dieser Stelle einige Kommentare aus der Praxis Hinweise über den Zeithorizont einer solchen Entwicklung.

> **Statements aus der Praxis**
> „Eine erste zufrieden stellende Stufe des PMO war nach ca. einem halben Jahr erreicht. Nach insgesamt etwa einem Jahr ist das PMO wirklich reibungslos gelaufen."
>
> „Die Vorbereitungsphase fand von März bis Juni statt, ab Juli gab es das PMO offiziell. Die zwei Monate im Sommer waren sozusagen der Probelauf und bis Anfang September waren Organisation und Struktur finalisiert."
>
> „Begonnen wurde der Aufbau des PMO vor ca. einem halben Jahr, in etwa einem weiteren halben Jahr wird die Einführung abgeschlossen sein."
>
> „Die ersten definierten Standards und Methoden waren nach etwa sechs bis acht Monaten vorhanden."
>
> „Die Einführung des PMO für das Großprojekt war innerhalb weniger Monate abgeschlossen."

6.3   Welche Räumlichkeiten?

Bezüglich der notwendigen Räumlichkeiten für das PMO gibt es – wie auch unten stehende Praxisbeispiele zeigen – ganz unterschiedliche Möglichkeiten.

Existiert ein PMO für ein einziges Projekt bzw. arbeiten einzelne Mitarbeiterinnen oder Mitarbeiter des PMO in einem konkreten Projekt mit, so ist es vorteilhaft, wenn die betroffenen Personen räumlich nahe zusammenarbeiten können.

Ganz allgemein ist es, wie bei vielen anderen Tätigkeiten, für die Arbeit des PMO förderlich, wenn alle seine Mitarbeiter und Mitarbeiterinnen in einem gemeinsamen Raum bzw. nahe beieinander liegenden Räumen untergebracht sind. Für manche Tätigkeiten kann es aber gerade sinnvoll sein, räumlich verteilt zu sein, um z. B. nahe bei bestimmten

Projekten zu sein oder einheitliche Standards über mehrere Unternehmensstandorte besser vertreten zu können.

Eine solche Variante ist es, wenn das PMO als verteiltes Team agiert, in dem sich die Mitarbeiterinnen und Mitarbeiter des PMO an verschiedenen Standorten – möglicherweise sogar in verschiedenen Ländern – befinden. Dieser Herausforderung gilt es, mit entsprechenden Techniken zu begegnen (z. B. Anwendung von Videokonferenzen). Wie weit auch immer die Mitarbeiter und Mitarbeiterinnen voneinander entfernt sind, auf persönliche Zusammentreffen darf in keinem Fall verzichtet werden – sowohl innerhalb des PMO als auch zwischen PMO und Projektleiterinnen und -leitern bzw. gegebenenfalls auch mit den Projektteams. Persönliche Kontakte sind wie im Management von Projekten wichtig, um Vertrauen, Respekt und Akzeptanz langfristig aufbauen zu können.

Statements aus der Praxis

„Spezielle Räumlichkeiten für das PMO gibt es nicht."

„Räumlich sind die Mitarbeiterinnen und Mitarbeiter in einem Büro zusammengefasst."

„Formal gibt es ein Zimmer, das das PMO darstellt. In der Realität haben die Mitarbeiter und Mitarbeiterinnen jedoch ihren Platz bei den Projektleiterinnen und Projektleitern, um mehr vom Projektleben mitzubekommen."

„Die räumliche Situation ist von Projekt zu Projekt unterschiedlich. In unserem Fall verfügt das PMO über keine speziellen Räumlichkeiten. Die Mitarbeiterinnen und Mitarbeiter sind direkt beim Kunden in einem Großraumbüro angesiedelt, wo das PMO direkt bei der Projektleitung zu finden ist."

„Räumlich sind die beiden Mitarbeiter des PMO nicht verbunden."

„Abgesehen vom Leiter – der über ein eigenes Büro verfügt – sind die Mitarbeiterinnen und Mitarbeiter des PMO räumlich zusammengefasst. Jene, die direkt in Projekten oder Programmen arbeiten, sind aber dort angesiedelt, sodass der Informationsaustausch gewährleistet ist."

„Das zentrale Büro, das den Mitarbeitern und Mitarbeiterinnen des PMO zur Verfügung steht, ist fast immer leer. Die Mitarbeiter und Mitarbeiterinnen sitzen physisch bei den Projektteams, um mehr Informationen zu bekommen und die Integration sowie die Akzeptanz sicherzustellen."

„Die Mitarbeiterinnen und Mitarbeiter des PMO verfügen über ein eigenes Büro."

„Räumlich ist das PMO auf vier Niederlassungen in Österreich aufgeteilt, um dem Geschehen so nahe wie möglich zu sein."

„Räumlich ist das PMO in einem Büro mit mehreren anderen Stabsstellen zusammengefasst."

„Den acht Mitarbeitern und Mitarbeiterinnen des PMO stehen zwei Büros zur Verfügung."

6.4   Wo bestehen Schnittstellen?

Je nach Aufgabengebiet kommuniziert das PMO mit unterschiedlichsten Stellen im Unternehmen. Unerlässlich ist jedenfalls die Kommunikation mit den Projektleiterinnen und Projektleitern, und zwar einerseits im Zuge der Unterstützungsleistung durch das PMO, andererseits benötigt das PMO auch Informationen über die Projekte.

Weiters herrscht – je nach Ausprägung des PMO mehr oder weniger stark – Kontakt zu unterschiedlichen Ebenen des Managements. Vor allem unternehmensweit tätige PMO werden laufend Berichte und Entscheidungsgrundlagen für die oberste Führung liefern.

Ob zu den Projektteams direkt Berührungspunkte bestehen, ist ebenfalls von den Funktionen des PMO abhängig. Während in manchen Unternehmen der Kontakt zu den Projekten lediglich über die Projektleitungen läuft, kommt es in anderen Unternehmen vor, dass ein direkter Kontakt des PMO zu Projektmitarbeiterinnen und -mitarbeitern besteht, beispielsweise im Rahmen von Schulungen, bei der Meldung von Ist-Status, Projektzeiten etc.

Nicht zuletzt kann das PMO zu diversen Abteilungen im Unternehmen Kontakt halten, z. B. wenn es um die Bestimmung von Ist-Kosten (Buchhaltungsabteilung), um Angelegenheiten der Projektmanagement-Software (IT-Abteilung) oder um Personalressourcen (HR-Abteilung) geht. In manchen Fällen ist eine genaue Abgrenzung der Aufgaben wichtig, z. B. wenn es um die Verantwortung für Projektmanagement-Software geht (siehe auch Abschnitt „Funktionen im Bereich Tools und Infrastruktur"). Die Schnittstellen sind jedenfalls zu definieren und Klarheit über Aufgaben, Verantwortungen und Befugnisse (z. B. darf ein PMO sensible Lohn- und Gehaltsinformationen aus der Buchhaltung abfragen) muss für alle Beteiligten sichergestellt werden.

Statements aus der Praxis

„Das PMO kommuniziert hauptsächlich mit Projektleiterinnen und -leitern und der Geschäftsführung. Die direkte Kommunikation mit Projektteams ist selten und anlassorientiert, wenn in Fällen von Problemen das PMO hinzugezogen wird."

„Das PMO kommuniziert mit allen beteiligten Parteien, also mit Kunden, internen Auftraggebern und Projektleiterinnen und -leitern. Weiters besteht intensiver Kontakt zum Controlling, der Betriebsorganisation und der Informatikabteilung. Zwischen PMO und den Projektteams selbst gibt es keine formelle Kommunikation."

„Das PMO hat eine Reihe von Kommunikationspartnern im Unternehmen. Einerseits werden Reports und Statusinformationen an die Geschäftsführung geliefert, andererseits besteht bezüglich Ressourcenplanung und Statusreporting sehr viel Kommunikation zu den Bereichsleitern und -leiterinnen. Natürlich wird auch mit den Projektleiterinnen und -leitern selbst kommuniziert. Hier geht es hauptsächlich um Statusreporting, Prozesse und Tools. Der Bereich Finance ist vor allem an den

Aufwandszahlen, die das PMO liefert, interessiert. Weiters besteht enger Kontakt mit dem Bereich Sales bei Projektanlage und -abschluss. Letztendlich besteht bezüglich Projektzeiterfassung zu jedem einzelnen Mitarbeiter bzw. jeder einzelnen Mitarbeiterin des Unternehmens Kontakt."

„Die Kommunikation des PMO erfolgt in zwei Richtungen. Einerseits als Servicefunktion zu den Projektmanagern und Projektmanagerinnen, andererseits Richtung Management betreffend Berichts- und Eskalationswesen. Mit den Projektteam-Mitgliedern gibt es eher weniger direkte Kommunikation, beispielsweise bei der Moderation von Sitzungen durch das PMO."

„Eine Kommunikationsbeziehung von den Mitarbeiterinnen und Mitarbeitern des PMO besteht zu allen Beteiligten. Jeder und jede, der bzw. die Fragen hat, kann an uns herantreten. Weiters besteht Kontakt zu den Projektportfolio-Managerinnen und -Managern, zu den Steuerkreis-Mitgliedern und zum Konzernvorstand, der schlussendlich Empfänger des Gesamtberichts ist."

„Die Kommunikation des PMO besteht einerseits nach oben hin zur Geschäftsführung, andererseits zu den Projektleiterinnen und Projektleitern, in Einzelfällen auch zu Projektmitarbeiterinnen und -mitarbeitern."

„Zur Abstimmung der Projektportfolios finden zahlreiche regelmäßige Meetings zwischen PMO und anderen Unternehmensbereichen statt."

„Abgesehen von Ausbildungsmaßnahmen hat das PMO zu den Projektteam-Mitgliedern direkt kaum Kontakt. Sämtliche Kommunikation läuft über die Projektleitung oder die Projektassistenz. Weiters bestehen Kontakte zu diversen Abteilungen wie Controlling, Personal und Vertrieb."

„Direkte Kommunikation betreibt das PMO sowohl mit Projektleiterinnen und -leitern als auch mit Projektauftraggebern und Projektauftraggeberinnen. Weitergabe an Informationen erfolgt an die Leiterinnen und Leiter der Abteilungen und Bereiche. Mit den Teams direkt kommuniziert das PMO nicht, da fungieren die Projektleitungen als Schnittstelle."

„Eine Stelle, mit der intensive Kommunikation herrscht, ist der Vertrieb. Während der Laufzeit eines Projekts hält das PMO auch laufend Kontakt zum Kunden. Kontakt zur Geschäftsführung besteht vor allem bei größeren Projekten in Form von Projektreviews."

„Starker Kontakt des PMO besteht einerseits zur Geschäftsführung als Informationsempfänger, andererseits zu den Projektleiterinnen und Projektleitern, die die benötigten Informationen liefern. Auch mit dem Projektteam wird kommuniziert, vor allem wenn die Projektleitung selbst Informationen nicht zur Verfügung stellen kann oder zeitlich ausgelastet ist."

Abb. 6.2 Mögliche
Aufgabengebiete

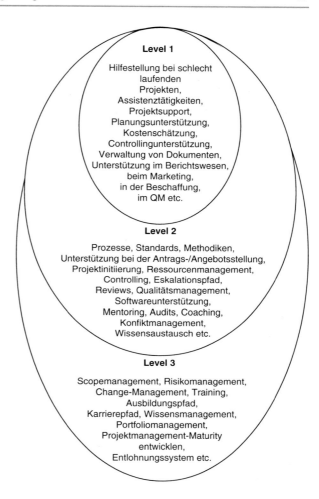

6.5 Was ist das richtige erste Aufgabengebiet?

In den meisten Fällen ist es empfehlenswert, die Einführung eines PMO an einer ersten konkreten Aufgabe zu orientieren. Viele Autoren und Autorinnen schlagen dabei das Gebiet vor, wo im Unternehmen gerade der Schuh am meisten drückt (**„Maximum-Pain"-Prinzip**).

Findet man Problemstellungen aus dem Bereich des Projektmanagements, die gerade besondere Herausforderungen darstellen, wie z. B. Verlust der Übersicht über die Projekte im Unternehmen, andauernder Verzug in Projekten, Qualitätsprobleme oder Kundenbeschwerden, Kostenüberschreitungen, dann kann an solchen dringenden Fragen sehr einfach die Idee einer PMO-Einführung argumentiert und vorangetrieben werden – auch gegen den einen oder anderen Widerstand.

Um schnell die ersten Erfolge vorweisen und auch Kritiker überzeugen zu können, eignet sich in der Startphase oft ein **Triage-Ansatz**[1] zur Selektion der ersten Umsetzungsmaßnahmen. Es werden zunächst die Aufgaben/Funktionen umgesetzt, die sich relativ schnell und mit geringem Aufwand umsetzen lassen. Damit werden die **ersten kleinen Erfolge** (short-term-wins) für die Stakeholder **schnell realisiert** und Win-Win-Situationen geschaffen. Damit kann **Akzeptanz erreicht** werden, die dann gerade bei den Aufgaben, die schwerer und vielleicht gegen die verschiedensten organisatorischen Widerstände umzusetzen sind, eine der wichtigsten Voraussetzungen für ein langfristig erfolgreiches Funktionieren eines PMO sind. Typische Aufgaben lassen sich zum Beispiel an den verschiedenen Ebenen, in denen das PMO etabliert ist, erkennen.

Beispiele für erste Aufgaben können sein:

- überhaupt eine erste Übersicht über die Projekte in der Unternehmung zu erstellen (d. h. dem Management Übersicht verschaffen),
- erstmals Funktionsbeschreibungen für die verschiedenen Tätigkeiten im Projektmanagement (gemeinsam mit den Betroffenen) zu erstellen (d. h. Projektleitungen, Projektteam-Mitglieder als solche für die Organisation sichtbar machen). Das kann bis hin zur Definition von PM-Karrierepfaden weiterentwickelt werden (d. h. Perspektiven schaffen),
- grundlegende Projektmanagement-Schulungen für alle Stakeholder (auch aus dem Management) zu organisieren, damit ein gemeinsames Grundverständnis hergestellt werden kann (d. h. Stakeholder sensibilisieren),
- mit den Projektleitungen eine Liste der bisher (lokal) verwendeten Projektmanagement-Methoden und -Tools zu erstellen, auf deren Basis eine Verständigung auf eine erste gemeinsame Version von Basisstandards aufbauen kann (d. h. Projektleitungen auf erste gemeinsame Vorgangsweisen einstimmen),
- den Projektmanagerinnen und -managern die Möglichkeit zum fachlichen (formellen und/oder informellen) Austausch zu eröffnen und diesen Austausch auch zu stimulieren, z. B. Workshops zu Verbesserungsvorschlägen initiieren, die gemeinsame Modellierung der wichtigsten Projektmanagement-Prozesse einleiten (d. h. Wissenstransfer in Gang bringen) (Abb. 6.2).

Statements aus der Praxis
„Viele Aktivitäten, die mit dem PMO verbunden sind, wurden bereits vor seinem Bestehen ausgeübt. Bei der Installierung des PMO waren nur mehr einfache Adaptierungen und in späterer Folge Erweiterungen notwendig."

---

[1] **Konzept des „Sortierens nach Dringlichkeit"**, das ursprünglich aus dem militärischen Sanitätswesen stammt und versucht im Katastrophenfall mit knappen Ressourcen durch die richtige Auswahl der zur Versorgenden den größtmöglichen Nutzen (Rettung möglichst vieler Leben) zu ermöglichen.

„Die Umsetzung begann mit der Überarbeitung bereits bestehender Projektma-nagement-Richtlinien. Im Laufe der Zeit übernahm das PMO immer mehr Funk-tionen."

„Bei der Einführung des PMO wurde mit der Festlegung grober Richtlinien begonnen, die schrittweise verfeinert wurden. Weiters wurde als einer der ersten Schritte eine Klassifizierung und ein Rating eingeführt, sodass man erstmals zwi-schen komplexen und trivialen Projekten unterscheiden konnte."

„Der Aufbau des PMO war stufenweise und begann mit dem Gewinnen der Pro-jektübersicht. Später wurden die Projekte zu Programmen zusammengefasst. Man kann von einem sukzessiven Verbesserungsprozess sprechen, der ständig an die Er-fordernisse angepasst werden muss."

► **Tipp**   Was sind die drei aktuell brennendsten Probleme im Projektmanage-ment-Kontext? Mit welchen **einfachen Maßnahmen** können diese Probleme gelöst oder zumindest großteils **entschärft** werden? Welche Kompetenzen/Ressourcen braucht das PMO dazu?

6.6   Wie festigt sich die Position des PMO?

Wie jede andere Organisationseinheit muss auch das PMO immer wieder seinen **Nutzen** für das Unternehmen unter Beweis stellen (vgl. Tjahjana et al. 2009, S. 14 ff.), Nutzen für die Projektleiterinnen und -leiter, andere Organisationseinheiten im Unternehmen (Ab-teilungen usw.), Kunden und ganz besonders für das Management. Alle diese Stakeholder werden das PMO mit anderen Maßstäben messen: Die Projektleiter und -leiterinnen an der Unterstützung und der Zusammenarbeit, andere Abteilungen an der Hilfestellung bei der projektmäßigen Abarbeitung von Aufträgen, Kunden – eher indirekt – an der Qualität der Projekte und das Management an der Effizienz, Pünktlichkeit und am quantitativen und qualitativen Output der Projekte.

„*If you're not adding value, they won't value what you're adding.*" (Englund et al. 2003, S. 25)

Um dieser Nutzenerwartung gerecht zu werden, muss ein **PMO** wie andere Organisa-tionseinheiten auch **entwickelt werden**. Das kann einerseits langfristig geplant werden, indem schon zu Beginn ein langsames Anwachsen von Zuständigkeit und Verantwortlich-keit für das PMO konzipiert wird, oder kurzfristig, indem anlassbezogen Veränderungen am Setting des PMO vollzogen werden. Ist ein PMO z. B. ursprünglich einem ganz be-stimmten Projekt zur Seite gestellt worden, muss spätestens bei dessen Beendigung die Entscheidung getroffen werden, ob das PMO damit auch wieder aufgelöst wird, oder in einer veränderten Rolle anderswo im Unternehmen etabliert wird.

Die Aufgaben und Funktionen eines PMO ein für allemal festzuschreiben, wäre kurzsichtig. Es muss immer die Möglichkeit geben, zumindest mittelfristig auf **geänderte Rahmenbedingungen,** neue Probleme/Herausforderungen und Erkenntnisse (Lessons-Learned, organisatorisches Lernen) angemessen **reagieren** zu können. Diese Veränderungen aber auch erkennen zu können, ist keineswegs trivial. Ein Unternehmen, und gerade ein Unternehmen, das sich selbst als projektorientiert definiert, muss quer durch alle Organisationsebenen den Willen und auch den Mut aufbringen, **Reflexion** aktiv zu betreiben und zuzulassen und die daraus erzielten Erkenntnisse auch in Veränderungen von Organisation, Aufgaben und Prozessen einfließen zu lassen. Den Status quo zu behalten, ist meistens kurzfristig bequemer, langfristig aber schwer durchzuhalten.

Ein PMO, das gemeinsam mit seinen Stakeholdern seine eigene **Entwicklung aktiv vorantreibt,** kann es schaffen, das eigene Potenzial auszuschöpfen und – was am wichtigsten ist – für seine Stakeholder **nachhaltig nützlich** zu sein. Ein PMO, das sich als Selbstzweck oder als Machtbasis zu sehen beginnt, wird langfristig nicht den gewünschten Mehrwert bringen und dementsprechend nicht wirklich erfolgreich bzw. akzeptiert sein. Ein PMO kann, so wie viele andere Organisationseinheiten mit Stabsstellencharakter, nicht selbst direkt Nutzen (für den Kunden, Umsatz, Renditen etc.) stiften, sondern nur durch sein positives Einwirken auf den Rest der Organisation. Daher ist die Entwicklung eines PMO nur in der Kombination mit der Weiterentwicklung des ganzen Unternehmens sinnvoll betrachtbar. Das heißt aber auch, dass es Szenarien geben darf, in denen ein PMO auch wieder redimensioniert und an eine neue Unternehmensumwelt durch die Ab-/Aufgabe von Funktionen und Aufgaben angepasst werden kann. Es kann z. B. der Punkt erreicht sein, wo die Aufgaben der Weiterbildung und Entwicklung von Projektleitern und -leiterinnen soweit etabliert sind, dass diese Aufgaben effizienter von der HR-Abteilung betrieben werden können, die dann auch die Entwicklung der einzelnen Mitarbeiter und Mitarbeiterinnen entlang eines durch das PMO entwickelten Karrierepfades weiter vorantreibt.

Der langfristige Erfolg eines PMO im Unternehmenskontext hat also auch mit dem Mut der handelnden Akteure (inkl. des PMO selbst) zu tun, die Aufgaben und Funktionen des PMO immer wieder zu hinterfragen. Das langsame und stetige Akkumulieren von Aufgaben und auch Macht kann langfristig zu einem „Bremsklotz" werden, der die Flexibilität behindert und das Eingehen auf die wichtigen Fragestellungen und Probleme im Projektkontext verlangsamt.

Statements aus der Praxis

„Die Ziele des PMO änderten sich im Laufe der Zeit. Die ursprüngliche Intention waren die Schaffung von Standardisierung und die Verbesserung der Projektkultur. Später war das PMO auf reines Controlling beschränkt und heute liegt die Hauptfunktion im Portfoliomanagement."

„In unserem PMO finden laufend Weiterentwicklungen im Hinblick auf Tools und Prozesse statt. Außerdem kann es aufgrund geänderter Anforderungen des Managements stets zu Erweiterungen im Aufgabenbereich des PMO kommen."

„Es ist geplant, die Funktionen des PMO schrittweise auszubauen. Dies macht aber erst Sinn, wenn die derzeitigen Funktionen im ganzen Haus akzeptiert sind."

„Die Entwicklung geht dahin, Projektmanagement in den Unternehmensprozess zu integrieren, so soll zum Beispiel ein Bezug zwischen dem Risikomanagement in Projekten und dem Unternehmens-Risikomanagement hergestellt werden".

„Ein weiterer Mitarbeiter oder eine weitere Mitarbeiterin soll künftig im PMO eine qualitative Verbesserung und eine Vertiefung in bestimmte Themen wie z. B. Budgetplanung und Kostenrechnung ermöglichen."

„Das PMO unterliegt einer permanenten Weiterentwicklung."

„Das Fundament wurde aufgestellt. Jetzt geht es darum, die Prozesse zu verbessern und zu verfeinern. In weiterer Folge soll die Reichweite des PMO auf zwei unserer ausländischen Niederlassungen erweitert werden."

„Das grundlegende Ziel des PMO war es, einen Überblick über die Projekte zu bekommen und ein monatliches Reporting aufzusetzen. Der nächste Schritt in der Entwicklung ist die Erstellung von Richtlinien. Konkrete Pläne für danach gibt es noch nicht. Bei der Ausarbeitung der Richtlinien entstehen aber sicherlich weitere Ideen, die man künftig umsetzen könnte."

„In den grundlegenden Bereichen ist das PMO bereits gut etabliert. Im Projektportfolio-Management stehen aber noch Weiterentwicklungen bevor."

▶   **Tipp** Das Verfolgen von kontinuierlicher Weiterentwicklung muss immer wieder neu angestoßen werden. Die Ziele und Aufgaben des PMO gehören regelmäßig – aus verschiedenen Perspektiven im Unternehmen – hinterfragt und gegebenenfalls angepasst. Eine Möglichkeit, einen solchen Prozess im Unternehmen zu verankern, sind z. B. Qualitätszirkel, die von unterschiedlichen Interessensgruppen aus der Organisation beschickt werden.

6.7   Was ist das strategische Endziel?

In vielen Fällen beginnt die Entwicklung eines PMO mit dem immer öfter erfolgenden oder strategisch immer wichtigeren Einsatz der Projektarbeit in einem Unternehmen. Beginnt ein Unternehmen, sich immer stärker projektorientiert auszurichten, werden auch die möglichen Funktionen und Aufgaben eines PMO immer wichtiger. Geht so ein Unternehmen diesen Weg – Projektarbeit als akkurates Mittel zur Bearbeitung verschiedener Probleme und Aufgabenstellungen zu nutzen – konsequent weiter, so entwickeln sich auch die Ziele, die einem solchen PMO gestellt werden, stetig weiter.

Als fast schon klassischer Ansatz kann das PMO die zentrale Schaltstelle im Multiprojektmanagement (Programme und Portfolios) darstellen und mit teilweise stark managementorientierten Aufgaben (vgl. Crawford 2002, S. 228 ff.) betraut werden. Hier kann es gelten, strategische Aufgaben mit dem Portfolio-Management zusammenzuführen, sich um Project-Maturity zu kümmern oder die Verbindungen zum Prozess- und/oder Qualitätsmanagement zu schaffen, um nur einige Aufgabengebiete zu nennen.

Aber bei weitem nicht in allen Unternehmen wird so ein ausgedehntes Aufgabengebiet ein wirklich sinnvolles Ziel darstellen. Die Größe eines Unternehmens, die Art und Anzahl der Aufgaben, die mittels Projekten bearbeitet werden, die Struktur der Organisation sowie die vorherrschende Managementphilosophie werden die rein theoretisch möglichen Aufgabengebiete des PMO in jedem einzelnen Fall (sinnvoll) eingrenzen.

Das Endziel wird dort sichtbar, wo das PMO den größtmöglichen und auch effizient erbrachten Nutzen für die gesamte Organisation beitragen kann. Dabei muss aber auf andere Organisationseinheiten und ihre Leistungen Rücksicht genommen werden. Nicht in allen Fällen muss eine Aufgabe notwendigerweise vom PMO übernommen werden, viele Aufgaben sind vielleicht schon an anderer Stelle etabliert. Ob hier Aufgaben herausgelöst und neu verteilt werden sollen, muss fallweise entschieden werden. Wichtig sind bei solchen Überlegungen vor allem die klaren Schnittstellen zu anderen Verantwortungsbereichen im Unternehmen.

Es darf nicht nur die Summe aller Aufgaben und Funktionen alleine betrachtet werden, das Ziel muss sein, diese Betrachtung vor dem Hintergrund der optimalen und effizienten Arbeit in den Projekten des Unternehmens zu analysieren. Wenn es gelingt, Indikatoren und Key-Performance-Indikatoren zu identifizieren, zu messen und daraus auch das Controlling des PMO zu gestalten, dann sind Ziele erreicht worden, die bis jetzt in nur wenigen Unternehmen erfolgreich gemeistert wurden.

Statements aus der Praxis

„Das Verhältnis zwischen Kosten und Nutzen des PMO wird analytisch nicht gemessen. Es handelt sich eher um eine Bauchentscheidung der Geschäftsführung, ob das PMO Nutzen bringt."

„Das Verhältnis zwischen Kosten und Nutzen des PMO wird nicht gemessen. Man macht auch keine Kosten-Nutzen-Rechnung für eine Controllingabteilung, das Rechnungswesen oder ähnliches. Ab und zu müssen Führungskräfte selbst beurteilen und entscheiden, man kann nicht immer alles an einer Skala ablesen."

„Das Verhältnis zwischen Kosten und Nutzen des PMO wird nicht gemessen. Ein PMO kostet Geld, aber wer Zahlenreports zu Stichtagen vollständig haben möchte, der muss sich das einfach leisten."

„Die Aufwände des PMO verursachen bei den Projekten und Betriebsprodukten zusätzliche Kosten und fließen dort in die Kostenrechnung ein."

„Das Verhältnis zwischen Kosten und Nutzen ist meiner Ansicht nach quantitativ nicht zu ermitteln."

„Das Verhältnis zwischen Kosten und Nutzen des PMO lässt sich schwer messen, weil der Nutzen sehr subjektiv ist. In jeder Firma gibt es gewisse Tätigkeitsbereiche und Funktionen, die man sozusagen als ‚Overhead' dem Kunden weiterverrechnen

kann. Demnach werden auch hier die Aufwände erfasst und einfach weiterverrech-
net.“

„Eine monetäre Kosten-Nutzen-Bewertung für das PMO existiert nicht. Unser
Vorstand möchte, dass die Projekte besser laufen und erwartet sich, dass dies vom
PMO sichergestellt wird. Eine Messung des Nutzens wäre demnach möglich, indem man prüft, inwiefern die Projekte nun eher ‚in time‘, ‚in scope‘ und ‚in budget‘
sind.“

▶   **Tipp** Ziel soll es sein, mit möglichst wenig Aufwand (das PMO kostet Ressourcen bzw. Geld) eine möglichst positive Auswirkung („deep impact“) auf die
Arbeit mit und in Projekten zu erzielen. Die Effizienz und Effektivität eines PMO
zu messen, gestaltet sich aufwändig und schwierig, es muss also zumindest Ziel
sein, die Sinnhaftigkeit der einzelnen Aufgabengebiete und deren Zuordnung
zum PMO systematisch zu hinterfragen.

6.8   Marketing für das PMO – ist das notwendig?

Ein PMO, das im „stillen Kämmerchen“ alleine vor sich hinarbeitet, wird es schwer
haben, beachtet und akzeptiert zu werden. Entsprechendes Marketing, z. B. in Form von
Informationen oder Veranstaltungen ist hilfreich, um auf das PMO und seine Leistungen
aufmerksam zu machen sowie die Akzeptanz zu steigern. Ob und in welcher Intensität das
PMO im Unternehmen beworben werden soll, hängt von mehreren Faktoren ab:
- Wie ist die Einstellung der Betroffenen zum PMO?
- Ist das PMO im Unternehmen gut bekannt und ist es selbstverständlich, dass man sich
  für bestimmte Fragen an das PMO wendet? Oder ist das PMO eine eher unbekannte
  Organisationseinheit, über deren eigentliche Aufgaben kaum jemand Bescheid weiß?
- Wie viele Ressourcen hat das PMO zur Verfügung, um Eigenmarketing zu betreiben?
- An welcher Stelle ist das PMO im Unternehmen verankert (Level 1, 2 oder 3)?
- Wie stark sind die Veränderungen, die durch ein neues PMO oder die Adaptierung sei-
  ner Aufgaben auf den Rest des Unternehmens einwirken werden?
- Gibt es schon erste Erfolge zu berichten oder neue Angebote (z. B. Unterstützungsmaß-
  nahmen, Möglichkeiten der Partizipation) zu machen?

Statements aus der Praxis

„Vor einiger Zeit gab es monatlich Informationen über Neuigkeiten auf Projektebene. Aufgrund der ohnehin zu großen Informationsflut wird aber im Moment absichtlich darauf verzichtet.“

„Interne Marketingmaßnahmen für das PMO führen wir nicht durch.“

„Marketing wird für das PMO nicht betrieben."

„Für das PMO betreiben wir Marketing in zwei Formen: einerseits gibt es einen Newsletter, andererseits veranstalten wir ein vierteljährliches Meeting, in dem wichtige Informationen sowie Neuerungen aus dem PMO präsentiert werden und das eine Kommunikationsplattform für die Projektleiterinnen und -leiter darstellt."

„Vom PMO werden einige Marketingmaßnahmen für Projektmanagement gesetzt. Neben einem Projektmanagement-Newsletter werden Treffen für Projektleiter und Projektleiterinnen veranstaltet."

„Man kann generell sagen, dass ständige Kommunikation und das Zeigen von Präsenz extrem wichtig sind."

„Zurzeit betreiben wir kein Marketing für das PMO. Zukünftig ist aber geplant, dass in einem bestehenden Newsletter eine Rubrik ‚Projektmanagement' veröffentlicht wird, in der man einerseits das PMO vorstellt, andererseits in regelmäßigen Abständen über diverse Projekte informiert."

„Unser PMO führt eine Reihe von Marketingmaßnahmen durch. Dazu gehören die Organisation von Events im Rahmen der Zertifizierungen, Informationen über Ausbildungsprogramme sowie die Vorstellung von Projektmanagement-Themen bei mindestens zwei von vier internen Veranstaltungen pro Jahr. Zusätzlich veröffentlichen wir Artikel in internen und Kundenmagazinen und geben seit kurzem einen eigenen Newsletter zum Thema Projektmanagement heraus. Auch der so genannte Projektmanagement-Stammtisch, der den Projektleiterinnen und -leitern Möglichkeit des Austausches bietet, ist eine beliebte Maßnahme des PMO."

„Marketing für das PMO wird derzeit noch nicht betrieben. Es ist jedoch geplant, eine Projektmanagement-Community zu etablieren. Diese soll den Projektmanagern und Projektmanagerinnen Möglichkeit zum Austausch bieten, aber auch dem PMO selbst Gelegenheit geben, sich bei diesen besser zu positionieren."

„Eigenmarketing ist notwendig und wichtig. Vor allem in den ersten Monaten war der Leiter des PMO in den einzelnen Niederlassungen unterwegs, um im Rahmen von Vertriebsmeetings oder eigenen Meetings das PMO vorzustellen. Auch im Intranet werden die Leistungen des PMO vorgestellt."

„Marketingmaßnahmen für das PMO gibt es nicht und sind auch derzeit nicht angedacht. In einem kleinen Unternehmen wie unserem kennt man die meisten Leute ohnehin. Auch bei diversen internen Veranstaltungen trifft man auf die Kollegen und Kolleginnen und baut Kontakte auf, die später die Arbeit erleichtern."

„Marketing für unser PMO ist nicht notwendig. Es ist einfach da, jeder kennt es und weiß auch, was es macht."

„Es ist wichtig, sich als PMO zu vermarkten. Im Zuge eines Newsletters zeigt das PMO Präsenz und stellt seine Leistungen vor. Auch ein Award-System soll die Aufmerksamkeit auf das Thema Projektmanagement lenken, so wird regelmäßig der beste Projektleiter bzw. die beste Projektleiterin prämiert."

> **Tipp** Als erster Schritt für das Marketing des PMO können bestehende Instru-
> mente (z. B. interne Firmenzeitschriften und Veranstaltungen) genutzt werden.
> Besteht Bedarf und Interesse, können eigene Ideen zur Vermarktung des PMO
> entwickelt werden.

6.9 Integratives PMO

In den letzten Jahren werden PMO auch zunehmend in Verbindung mit anderen – nicht
notwendigerweise nur auf Projekte orientierten – Aufgaben gebracht. Das Prozessmanagement ist dabei ein beliebtes Aufgabengebiet. Gemeinsame Projekt- und Prozess-
management-Offices können sich auf alle Arten von Geschäftsprozessen, also sowohl
die der temporären Projektorganisationen als auch die der langfristigen Stammorganisation, beziehen und es gibt keine mehr oder weniger künstliche Trennung nach der Or-
ganisationsform. Eine solche Lösung bietet sich besonders dann an, wenn Projekt- und
Linientätigkeiten besonders gut integriert werden sollen oder sehr stark ineinandergrei-
fen bzw. wenn Projekt- und Prozessmanagement im Unternehmen schon bis zu einer
gewissen Reife[2] entwickelt worden sind und nun Synergien verstärkt genutzt werden
sollen.

Auch eine Erweiterung des Tätigkeitsfeldes Richtung Qualitätsmanagement-Office-
Agenden ist eine Möglichkeit, andere, ähnliche Aufgaben zusätzlich in ein gemeinsames
Office zu integrieren.

Projekt-, Prozess- und Qualitätsmanagement steht in vielen Fällen vor durchaus ähnlichen Voraussetzungen und Herausforderungen. Es sollen oft quer durch die Organisation des Unternehmens Strukturen geschaffen und/oder vereinheitlicht, Abläufe und Dokumente standardisiert und verbessert sowie Ergebnisverbesserungen bezogen auf Zeit,
Ressourcen/Kosten und Qualität/Leistung für die Kunden – egal ob intern oder extern
– erzielt werden.

Gerade in kleineren Organisationen wären dabei drei unterschiedliche Offices aber viel
zu aufwändig, mitunter unausgelastet und teilweise ineffizient. Eine Bündelung der Aufgaben wäre also durchaus machbar und sinnvoll. Außerdem hat das Bündel von Kompetenzen und Aufgaben in einem integrativen PMO – oder wie die Bezeichnung für eine
solche Einheit auch immer in der Praxis lauten mag – zu Folge, dass auch die Kommunikation der einzelnen Betroffenen (Personen und Organisationseinheiten) auf dann nur eine
Ansprechstation konzentriert werden kann. Ein Dschungel von Zuständigkeiten, unkoor-
dinierte Empfehlungen und Vorgangsweisen kann somit reduziert werden, was wiederum
hilft, die Akzeptanz im Unternehmen zu steigern.

---

[2] vgl. verschiedene Maturity Modelle wie z. B. CMMI oder PMMM.

Statements aus der Praxis

„In unserem Unternehmen ist das PMO auch für Qualitätsmanagement zuständig, wir nennen es daher auch kurz ‚PMO/QM'."

„Die Thematik Projektmanagement ist neben Prozessmanagement, Aufbau- und Ablaufstruktur in einer eigenen Organisationsabteilung eingegliedert."

„Da seit kurzem auch die Qualitätssicherung in unserer Verantwortung liegt, wird der Bereich demnächst in ‚Methoden Projektmanagement und Qualität' umbenannt."

Für eilige LeserInnen

Wie in einem Projekt sollte bei der PMO-Einführung die **Zieldefinition** den Beginn der Aktivitäten einleiten. Die **Dauer** und die (räumliche) **Zuordnung** bilden weitere Rahmenbedingungen. Die **Schnittstellen** des PMO sollten ähnlich wie Umwelten in einem Projekt ebenso betrachtet werden wie die (ersten) **Aufgabengebiete** des PMO (vielleicht ähnlich strukturiert wie ein Projektstrukturplan mit all seinen Arbeitspaketen). Die große Herausforderung bei der dann beginnenden Umsetzung ist das Schaffen der notwendigen **Akzeptanz und langfristigen Nutzenstiftung** für die Stakeholder. Dazu kann entsprechendes **Marketing** eine sinnvolle Ergänzung darstellen. Schlussendlich muss ein PMO in der heutigen Zeit aber nicht mehr auf den Kontext des Projektmanagements beschränkt bleiben. **Ergänzungen und Verschränkungen mit anderen Aufgaben** wie dem Prozess- und/oder Qualitätsmanagement bergen durchaus interessante **Synergien und Entwicklungspotenziale.**

Literatur

Crawford, J. K. (2002). *The strategic project office. A guide to improving organizational performance.* Boca Raton: CRC.

Englund, R. L., Graham, R. J., & Dinsmore, P. C. (2003). *Creating the project office. A manager's guide to leading organizational change.* San Francisco: Jossey-Bass.

Method123. (Hrsg.). (2007). Project management office and PMO. http://blog.method123. com/2007/03/26/. Zugegriffen: 1. Sept. 2014.

Tjahjana, L., Dwyer, P., & Habib, M. (2009). *The program management office advantage.* New York: American Management Association.

Wideman Max: Project Management Office , URL: http://www.maxwideman.com/issacons/ iac1003/index.htm [Stand 1 Sept 2014].

Wie kann man Projektleiterinnen und -leiter glücklich machen?
(Diese Frage stand am Beginn der Arbeiten zu diesem Buch)

Die **Projektleiter und -leiterinnen** sind für **den langfristigen Erfolg** eines PMO ganz **besonders wichtig** (vgl. Tjahjana et al. 2009, S. 186 f.). Ohne sie hat ein PMO keine Daseinsberechtigung, ohne ihre konstruktive Zusammenarbeit können die meisten Ziele eines PMO kaum erfolgreich erreicht werden.

Dabei stellen Projektleiterinnen und -leiter andere Ansprüche an ein PMO bzw. haben andere Wünsche an das PMO als Vertreterinnen und Vertreter anderer Unternehmenssteile. Sie erwarten sich primär eine **Unterstützung** in ihrem täglichen Arbeitsfeld und eine **Stärkung** ihrer Positionen im Unternehmenskontext.

Bei manchen Projektleitern und -leiterinnen schlagen sicher zwei Herzen in der Brust wenn sie an ein PMO denken. Einerseits sehen sie die positiven Aspekte (Unterstützung, Weiterentwicklung des Projektmanagements, ...), aber andererseits haben sie auch Vorbehalte, wenn es um die Einführung neuer Regeln, Vorgaben, Kontrollen etc. geht.

Wenn es einem PMO gelingt, die Erwartungen der Projektleiterinnen und -leiter zumindest im Großen und Ganzen zu erfüllen und deren Vorbehalten zu begegnen, sind die **ersten** großen **Schritte** zur **erfolgreichen** Umsetzung einer PMO- **Implementierung** schon gemacht.

Maßnahmen, die als Unterstützung für die Arbeit in den Projekten aus der Projektleitungsperspektive gerne gesehen werden, können zum Beispiel sein:

- Strukturen und Vorgaben ohne unnötige Einschränkungen, aber mit der Möglichkeit zur Partizipation der Betroffenen schaffen,
- Support in der täglichen Projektarbeit mit Methoden, Daten, Dienstleistungen (wie z. B. Marketingunterstützung) anbieten,

© Springer-Verlag Berlin Heidelberg 2015
G. Ortner, B. Stur, *Das Projektmanagement-Office,*
DOI 10.1007/978-3-662-45277-6_7

- als erste Eskalationsstufe bei Problemen in der Projektarbeit fungieren (in Richtung zum internen Projektauftraggeber),
- Toolunterstützung (Software) und Trainings anbieten,
- Wissensaustausch organisieren, Weiterbildungen vorantreiben, Entwicklung anstoßen,
- Mentoring von Projektmanagement-Einsteigern und -Einsteigerinnen arrangieren.

Für die allgemeine Stärkung und bessere Positionierung des Projektmanagements im Unternehmen bieten sich an:
- Projektmanagement als Themengebiet langfristig in der Firma verankern,
- einen partizipativen Stil bei projektmanagement-relevanten Entscheidungen etablieren,
- Lobbying für die Rolle Projektmanager bzw. Projektmanagerin ausüben,
- Verbindungen zwischen der Strategie der Unternehmung und Projekten, Auswahl von Projekten und Programmen und Projektarbeit herstellen und herausarbeiten.

Ein PMO sollte auf alle Fälle vermeiden, das Image „noch einer kontrollierenden" Organisationseinheit, die weitere bürokratische Prozesse etabliert, zu bekommen. Auch wenn es manchmal notwendig ist, Daten zu erheben oder Formulare und Richtlinien im Unternehmen zu etablieren, muss dabei immer klar der Nutzen – vor allem auch für die Betroffenen – dargestellt und herausgearbeitet werden. Wird das PMO als reiner Erfüllungsgehilfe des oberen Managements wahrgenommen, so wird die für die Zusammenarbeit mit den Projektleiterinnen und -leitern so wichtige Akzeptanz kaum erreicht werden können.

Ein gut arbeitendes PMO und gut arbeitende Projektleiter und -leiterinnen sowie Projektteams sind das beste Fundament für erfolgreiche Projektarbeit. Erst nach dem Legen eines festen Fundaments, können Kostenoptimierungen, Effizienzsteigerungen und Qualitätsverbesserungen erfolgreich etabliert werden.

Glückliche Projektleiterinnen und -leiter sind daher Basis für ein erfolgreich operierendes projektorientiertes Unternehmen.

Statements aus der Praxis

„Es ist abzuwägen, wie tief man bei der Vereinheitlichung gehen muss und welche Spielräume gewährt werden sollen."

„Beim PMO ist es wie bei allen Tools: Wenn man es falsch einsetzt, wird es keinen Nutzen bringen, sondern eher Verwirrung stiften."

„Ein kritischer Erfolgsfaktor für ein PMO unserer Art ist mit Sicherheit die Vollständigkeit und Aktualität der Daten. Denn wenn Anfragen nicht oder falsch beantwortet werden, nützt das niemandem."

„Ein wichtiger Faktor für den Erfolg des PMO ist das Kennen des Managements und der Key-Player im Unternehmen und der Einbezug dieser bei der Definition von Prozessen. Weiters ist es wichtig, allen Beteiligten den Nutzen von Projektmanagement zu vermitteln."

„Prozesse des Projektmanagements sollen nicht zu komplex gestaltet sein und sich nicht allzu oft ändern. Tools sollen benutzerfreundlich, leicht verständlich sowie an die Unternehmensgröße und die Zahl der Mitarbeiterinnen und Mitarbeiter sowie die Projektanzahl angepasst sein."

„Ein wichtiger Erfolgsfaktor ist die stetige Weiterentwicklung des PMO."

„Gegenüber den Projektleitungen ist es ein wichtiger Erfolgsfaktor zu formulieren, dass das PMO eine Servicefunktion für sie darstellt. Es muss Rahmenbedingungen schaffen, dass sich der Projektleiter oder die Projektleiterin primär auf das Managen der Projekte konzentrieren kann. Gegenüber dem Management ist es wichtig, die kritischen Projekte zu erkennen und Informationen konzentriert aufbereitet weiterzugeben, sodass die Managementrunde entsprechende Entscheidungen treffen kann."

„Ein wichtiger Erfolgsfaktor für das PMO sind klare Regelungen betreffend Kompetenzen, Zuständigkeiten, Ansprechpartner und Kommunikationswege. Auch soziale Kompetenz und Teamfähigkeit sind nicht unerheblich für den Erfolg des PMO."

„Bei der Einführung eines PMO ist die aktive Kommunikation und Einbeziehung von Betroffenen sowie die Vermeidung von Überadministration extrem wichtig. Im Betrieb ist es wichtig, den Nutzen für die Projektleiterinnen und -leiter erkennbar zu machen und Feedback aus der Praxis anzunehmen und adäquat umzusetzen."

„Es geht darum, zu wissen, wer die Entscheidungsträger und -trägerinnen sind und die Inhalte so aufzubereiten, dass sie von diesen auch akzeptiert werden können. Dabei geht es oft nur um die Wortwahl."

„Das Erfolgskriterium für die Einführung eines PMO ist die Schaffung von Akzeptanz durch Information an die Betroffenen."

„Ein klassischer kritischer Erfolgsfaktor eines PMO ist die Akzeptanz, die man nur dann erreicht, wenn man einen Mehrwert schafft. Auch Ausbildung und Qualifizierung stellen mit Sicherheit wichtige Erfolgsfaktoren dar. Wichtig ist auch das eindeutige Commitment der obersten Führungskräfte."

„Der Erfolgsfaktor eines PMO liegt darin, einen Mehrwert für andere zu schaffen. Es besteht die Gefahr, dass ein PMO für sich selbst arbeitet. Aber so soll es nicht sein. Das PMO soll für andere Informationen bereitstellen und Nutzen stiften."

„Ein Risiko eines PMO stellt die Akzeptanzproblematik dar. Daher ist es unbedingt notwendig, frühzeitig zu informieren und den Nutzen darzustellen. Am besten geschieht dies durch persönlichen Kontakt und Darstellung der Sicht des jeweiligen Zielpublikums."

„Das PMO muss auf Inputs hören, um sich ständig zu verbessern, anzupassen und zu lernen."

„Je besser die Kommunikation zu den Projektleitern und -leiterinnen, desto mehr Verständnis und desto leichter kommt man zu benötigten Informationen."

„Bei der Einführung eines PMO ist es wichtig, dass zumindest Basisstandards und -prozesse existieren, bevor irgendein Kontakt zu den anderen Abteilungen oder Bereichen besteht. Ansonsten könnte das Ansehen des PMO geschwächt werden."

„Im laufenden Betrieb ist es wichtig, einwandfreies Reporting etabliert zu haben. Denn die Qualität eines PMO hängt von den Reports ab, die es generiert."

Für eilige LeserInnen

Glückliche Projektleiterinnen und -leiter sind die Basis für ein erfolgreich operierendes projektorientiertes Unternehmen. Kann ein PMO dabei helfen, **sinnvolle Strukturen** mit dem **notwendigen Rahmen** einerseits, aber **ohne unnötige Einschränkungen** andererseits zu schaffen, dann ist eine erste **wichtige Gratwanderung hin zur Akzeptanz** bei den Projektteams und Projektleiterinnen bzw. -leitern gelungen. Kann **Hilfe und Support** an den richtigen Stellen angeboten werden, werden auch Aufgabenstellungen, die andere Unternehmensteile (z. B. das Management) dem PMO als **Zielvorgaben** mitgeben, mit Hilfe und **gemeinsam mit den im Projektmanagement arbeitenden Mitarbeitern und Mitarbeiterinnen** angegangen und erfolgreich **bewältigt werden** können. Ein PMO kann für sich **alleine nicht erfolgreich** sein, es bedarf immer einer **Zusammenarbeit** mit den betroffenen Stakeholdern. Wenn es gelingt, genügend viele Win-Win-Situationen zu generieren, kann ein PMO zu einem wichtigen **Erfolgsfaktor** in projektorientiert agierenden Unternehmen werden.

Literatur

Tjahjana, L., Dwyer, P., & Habib, M. (2009). *The program management office advantage*. New York: American Management Association.

8

Jedes Denken wird dadurch gefördert, dass es in einem bestimmten Augenblick sich nicht mehr mit Erdachtem abgeben darf, sondern durch die Wirklichkeit hindurch muss. (Albert Einstein (1879– 1955), dt.-amerik. Physiker (Relativitätstheorie), 1921 Nobelpreis)

Um die vielen unterschiedlichen Möglichkeiten, Aspekte und Nuancen von PMO-Implementationen greifbarer machen zu können, bildet eine Sammlung von kurzen Fallbeispielen bzw. Reflexionen, die alle anonymisierte reale PMO und deren Entwicklungen beschreiben, den Abschluss des Buches.

8.1 Fallbeispiel Portfoliomanagement

Schlüsselwörter

Level-3-PMO • Controlling-PMO • Portfoliomanagement • Standardisierung

Das PMO wurde im Unternehmen (im Finanzdienstleistungssektor) vor rund fünf Jahren nach einem Wechsel im Informatikvorstand eingeführt. Dazu wurde ein Leiter, der das PMO bis heute führt, nominiert und beauftragt, das PMO in seiner Linienverantwortung aufzubauen. Da der Aufbau stufenweise erfolgte, kann schwer gesagt werden, wie lange die letztendliche Etablierung des PMO wirklich gedauert hat. Begonnen hat alles mit dem Gewinnen der Übersicht über die Projektlandschaft im Unternehmen. Das kann bereits als erstes operatives Funktionieren des PMO bezeichnet werden. Später wurden Formulare wie z. B. Projektauftrag, Quartalsberichte etc. entworfen, die jetzt bei allen der jährlich rund 80 Projekte des Unternehmens angewendet werden müssen.

© Springer-Verlag Berlin Heidelberg 2015
G. Ortner, B. Stur, *Das Projektmanagement-Office,*
DOI 10.1007/978-3-662-45277-6_8

Heute liegt das Hauptaugenmerk der Tätigkeiten des PMO beim Portfoliomanagement. Gemeinsam mit einem zweiten Mitarbeiter erarbeitet der Leiter des PMO quartalsweise Projektportfolio-Vorschläge für den Vorstand.

Im Unternehmen ist man sich einig, dass die Aufgaben des PMO sukzessiv verbessert und erweitert werden sollen, wobei auf die Erfordernisse des Unternehmens Rücksicht genommen wird.

Die künftige Entwicklung könnte in die Richtung eines intensiveren Supports für die Projektleiterinnen und -leiter gehen. Denn derzeit wird das PMO von den Projektleitern und -leiterinnen noch etwas kritisch betrachtet und als Mehraufwand für ihre tägliche Arbeit gesehen. Der Vorstand hingegen profitiert voll und ganz vom Bestehen des PMO, da er nun eine bessere Übersicht über die Projekte und das gesamte Projektinvestitionsvolumen hat und sämtliche Fragen zum Projektportfolio an eine einzige Stelle richten kann. Dabei ist ein kritischer Erfolgsfaktor mit Sicherheit die Vollständigkeit und Aktualität der erhobenen Daten. Denn wenn Anfragen nicht oder falsch beantwortet werden, würde das PMO keinen Nutzen stiften können.

8.2   Fallbeispiel Top-Down

> **Schlüsselwörter**
>
> Top-down • externe Beratung • Ausbildung • Marketing

Im Unternehmen (österreichische Niederlassung eines internationalen IT-Lösungsanbieters) ging die Initiative der PMO-Einführung von „oben" aus. Die damalige Geschäftsführung wollte, dass die rund 50 Software-Projekte pro Jahr standardisiert abgewickelt werden. Somit wurden vor rund sechs Jahren in Zusammenarbeit mit einem externen Berater im Rahmen eines eigenen Projekts Projektmanagement-Prozesse und -Tools entwickelt.

Der Aufbau des PMO war relativ rasch, nämlich nach rund vier Monaten, abgeschlossen. Ein Grund dafür war neben der professionellen Unterstützung sicherlich auch, dass Projektmanagement schon vorher ein wichtiges Thema im Unternehmen war und in einigen Bereichen bereits Projektmanagement-Prozesse bestanden haben.

Die damals ausgearbeiteten Projektmanagement-Instrumente wurden und werden weiter laufend überarbeitet. Zudem bietet das PMO Schulungen über die Anwendung dieser Methoden und Techniken an und koordiniert außerdem Ausbildungen und Zertifizierungen für Projektleiter und -leiterinnen. Aber auch administrative Tätigkeiten, wie z. B. Neuanlage oder Abschluss der Projekte und die wöchentliche Kontrolle der Projektzeiterfassungen der rund 185 in Projekten arbeitenden Mitarbeiter und Mitarbeiterinnen gehören zum Aufgabenbereich des PMO.

Diese Aufgaben beschränken sich jedoch auf die österreichische Niederlassung, was bedeutet, dass das international tätige Unternehmen in anderen (ausländischen) Niederlassungen wiederum eigene PMO mit eigenen Standards unterhalten kann.

Den beiden Vollzeitmitarbeitern des PMO steht ein gemeinsamer Büroraum zur Verfügung. Beide können eine Reihe von PM-Qualifikationen vorweisen, so z. B. eine entsprechende Ausbildung und Erfahrungen in der Leitung von Projekten. Die Einstellung der Mitarbeiterinnen und Mitarbeiter zum PMO, das auch zur Stärkung der Projektkultur im Unternehmen beitragen soll, war am Anfang eher ablehnend. Diese Haltung wandelte sich im Laufe der Jahre. Die Mitarbeiter des PMO mussten dabei viel Aufklärungsarbeit leisten, führten Diskussionen und erklärten auch in Einzelgesprächen die Vorteile eines PMO.

Positiv auf die Akzeptanz der gemeinsam eingesetzten Projektmanagement Tools hat sich mit Sicherheit auch deren Benutzerfreundlichkeit ausgewirkt. Nach Ansicht der Mitarbeiter im PMO ist es außerdem wichtig, dass eingesetzte Tools auf die Unternehmensgröße, die involvierten Mitarbeiterinnen und -mitarbeiter sowie die Projektanzahl abgestimmt sind.

8.3 Fallbeispiel Directive-PMO

Schlüsselwörter

Level-3 -PMO • Directive-PMO

Im Unternehmen (einer Bildungseinrichtung) wurden viele Aktivitäten, die mit dem heutigen PMO verbunden sind, bereits vor seinem Bestehen ausgeübt, so z. B. die Entwicklung und Wartung interner Abwicklungsstandards für Projekte.

Auslöser für die Einführung des PMO vor rund zwei Jahren waren schließlich einige externe Projekte (Drittmittel), die recht abrupt entstanden, sowie der Umstand, dass eine weitere Mitarbeiterin zur Unterstützung bei der Steuerung von Projekten angestellt wurde. Der heutige Leiter, auf dessen Empfehlung das PMO eingeführt wurde, hätte es übertrieben gefunden, sich allein als Ein-Personen-PMO zu bezeichnen. Bei der Einführung waren damit nur einfache Adaptierungen notwendig, im Großen und Ganzen ging das Projektleben weiter wie bisher. Es mussten lediglich einige Rahmenbedingungen, wie z. B. Verantwortungen und Aufgaben, neu definiert werden. Dabei war eine klare Vorgabe seitens der Geschäftsführung, den Aufwand für die Steuerung der vielen Projekte zu verringern.

Eine der Hauptaufgaben des PMO ist daher die Erteilung von Freigabe- und Abnahmeempfehlungen an die Geschäftsführung betreffend alle wichtigen Dokumente wie Projektauftrag, Basisplan, Fortschritts- und Abschlussberichte. Außerdem ist das PMO für die Weiterentwicklung von internen Projektmanagement-Standards zuständig und steht beratend zur Seite, wenn es Fragen von Projektpersonal oder Probleme in Projektteams gibt.

Auf der Ebene der Akzeptanz hat sich seit Einführung des PMO viel Positives getan. Am Anfang gab es Fragen nach dem Sinn der Struktur, den Projektplänen und Fortschrittsberichten. Den Projektleitern und -leiterinnen konnte aber vom Leiter des PMO bald klar gemacht werden, dass Fortschrittsberichte eine wunderbare Gelegenheit bieten, zu einem bestimmten Zeitpunkt kritisch zu hinterfragen, wo das Projekt wirklich steht, und sie auch eine Basis für die Zusammenarbeit mit dem internen Auftraggeber darstellen. Heute ist das PMO nach Ansicht des Leiters gut akzeptiert. Es ist gemeinhin anerkannt, dass die Einführung des PMO etwas gebracht hat, dass die Art und Weise, wie Projekte abgewickelt werden, sinnvoll ist, dass es Abwicklungsstandards gibt und dass es jemanden gibt, der hilft und internen Support leistet. Einige Wenige hingegen sehen das PMO aber immer noch als Kontrollinstanz der Geschäftsführung.

8.4   Fallbeispiel Bottom-Up

Schlüsselwörter

Bottom-up • PMO-Team • Marketing

Im Unternehmen (einem IT-Dienstleister) waren die Angestellten der Abteilung „Großprojekte" treibende Kraft bei der Einführung des PMO. Sie haben erkannt, dass eine zentrale Stelle für die jährlich rund 400 abgewickelten Kundenprojekte notwendig ist und dieses Ziel zwei Jahre lang konsequent verfolgt, bis sie das Management schließlich überzeugen konnten. Begonnen hat die Einführung vor rund einem Jahr mit der Gründung einer neuen Organisationseinheit, die schrittweise mit neuen Zielen und Aufgaben ausgebaut wurde.

Da die Beteiligten durch ihre eigene Projekterfahrung wussten, was von einem PMO gefordert werden sollte, war eine Unterstützung durch einen externen Berater nicht notwendig. Nach etwa einem Quartal war das PMO mit Aufgaben entsprechend ausgestattet und im Unternehmen bekannt gemacht. Als abgeschlossen wird die Etablierung aber nun, nach rund einem Jahr, noch nicht gesehen. Die vier Vollzeit- und eine Teilzeitkraft des PMO nehmen unterschiedliche Rollen wahr. Zwei konzentrieren sich auf das Projektcontrolling, die anderen übernehmen die restlichen Aufgaben wie z. B. Projektcoaching, Projektmitarbeit und -unterstützung sowie Organisation von Ausbildungen und Zertifizierung.

Es ist geplant, künftig eine Art Job-Rotation innerhalb des PMO einzuführen, damit auch die Projektcontroller und -controllerinnen die Möglichkeit haben, andere Aufgaben wahrzunehmen und kennen zu lernen. Prinzipiell arbeiten die fünf Mitarbeiterinnen und Mitarbeiter des PMO in einem gemeinsamen Büroraum. Um mehr vom Projektgeschehen mitzubekommen, finden sie jedoch häufig direkt bei den Projektleiterinnen und -leitern ihren Arbeitsplatz.

Ein regelmäßig erscheinender Newsletter sorgt dafür, das PMO innerhalb des Unternehmens bekannt zu machen. Zudem wird vierteljährlich ein Meeting veranstaltet, in dem wichtige Informationen und Neuerungen aus dem PMO präsentiert werden und das eine Kommunikationsplattform für die Projektleiterinnen und -leiter darstellt. Ein Problem, mit dem das PMO noch zu kämpfen hat, ist die mangelnde Konsequenz des Managements. Es gibt noch zu viele Ausnahmefälle, in denen – z. B. weil die Zeit zu knapp ist – Projekte ohne freigegebenen Projektauftrag durchgeführt werden. Ansonsten hat sich die Akzeptanz des PMO seit seiner Einführung positiv entwickelt, wie sich aus dem Feedback von Projektleiterinnen und -leitern ableiten lässt. Eine vorstellbare Weiterentwicklung des PMO wäre die Erweiterung des Aufgabenbereichs auf die internen Projekte, die derzeit noch außer Acht gelassen werden.

8.5   Fallbeispiel Level-1-PMO

Schlüsselwörter

Level-1-PMO • temporäres PMO • Supportive-PMO

Das im Folgenden beschriebene PMO ist (in der österreichischen Niederlassung eines weltweit aktiven IT-Konzerns) nur für ein einziges Großprojekt zuständig, das aber mehr als 100 Projektmitarbeiterinnen und -mitarbeiter beschäftigt und voraussichtlich eine Laufzeit von 21 Monaten haben wird.

Je nach Wunsch der Projektleitung und verfügbarem Budget werden im Unternehmen für einzelne Projekte eigene PMO etabliert. Für das konkrete PMO ist neben einem Vollzeitmitarbeiter noch ein Fachhochschulpraktikant tätig. Eines der Hauptziele des PMO ist, die Projektleitung so zu entlasten, dass sie sich verstärkt um operative Dinge kümmern kann. Zahlreiche administrative Aufgaben, wie z. B. die Projektfinanzen, die Projektplanung, das Management externer Ressourcen, die Abwicklung von Angebotsprozessen, die Verwaltung der Projektdokumentation und vieles mehr, versucht man durch Implementierung eines PMO vom Projektleiter fern zu halten. Das gilt aber auch für das restliche Projektteam, das sonst während eines Projekts mit einigen administrativen Tätigkeiten konfrontiert ist.

Auch der PMO-Mitarbeiter profitiert von dieser Arbeit, denn im Unternehmen ist es üblich, dass Mitarbeiter oder Mitarbeiterinnen von PMO künftig selbst Großprojekte leiten sollen und so die Gelegenheit haben, „Großprojekt-Luft zu schnuppern". Zudem bringt diese Art von PMO auch auf der Kostenseite einen Vorteil. Würde es nämlich nicht existieren, müssten alle administrativen Tätigkeiten von der Projektleitung selbst übernommen werden. Deren Stundensätze sind aber höher als jene der PMO-Mitarbeiter.

Die Etablierung des PMO war eine der ersten Aufgaben im angeschlossenen Projekt. Nach rund vier Wochen Aufbauarbeit war die Einführung abgeschlossen. Intensiver Informationsaustausch und eine umfassende Vorbereitungsphase mit klarer Funktions- und Aufgabenteilung zwischen Projektleitung und PMO-Mitarbeiter waren entscheidend für die erfolgreiche Etablierung.

Ein großer Vorteil des PMO besteht darin, dass es als Ansprechpartner für alle Themen fungiert. Es stellt sozusagen eine Auskunftszentrale dar, die in sämtlichen Bereichen zumindest grobe Informationen besitzt und dafür sorgt, dass nicht alle Anfragen immer direkt an die Projektleitung gestellt werden müssen. Aus diesem Grund ist das PMO mittlerweile auch von allen Beteiligten gut akzeptiert, was anfangs nicht der Fall war. Teilweise haben Unklarheiten über Kompetenzen und Funktionen für Verwirrung gesorgt, dem Team konnte aber schnell klar gemacht werden, wofür das PMO zuständig ist. Eine klare Positionierung des PMO von Anfang an war wichtig, ansonsten hätte die Gefahr bestanden, dass es missbräuchlich – beispielsweise zum Kaffee Kochen und Kopieren – eingesetzt worden wäre.

8.6   Fallbeispiel Partizipation

> **Schlüsselwörter**
>
> Externe Beratung • Partizipation • Nutzen • Supportive-PMO

Das Unternehmen (aus der Energiebranche) führt derzeit konzernweit über 60 Projekte durch, etwa die Hälfte davon wird als strategisch wichtig bezeichnet. Vor rund vier Jahren wurde innerhalb der Organisationsabteilung mit dem Ziel, Begriffe und Projektmanagement-Prozesse im Konzern einheitlich zu definieren, eine Stelle für Projektportfolio-Management eingerichtet. Da es zu diesem Zeitpunkt bereits Regelungen zum Projektmanagement gab, war der erste Schritt die Überarbeitung dieser bestehenden Regelungen.

In diesem Zusammenhang wurde eine Befragung unter den Projektleitern und -leiterinnen durchgeführt und anschließend mit Unterstützung eines Consultingunternehmens ein eineinhalbjähriges Projekt aufgesetzt.

Da das Unternehmen von Anfang an verstanden hat, dass langfristiger Erfolg ohne Akzeptanz der Betroffenen nicht funktioniert, wurde von Beginn an versucht, immer alle Betroffenen zu involvieren. Dies passierte im Rahmen von Informationsworkshops oder durch das Einbinden bei Entscheidungen. Auch heute – rund vier Jahre nach der Einführung – ist man für neue Vorschläge und Rückmeldung der Projektleiterinnen und -leiter offen. Für diese fungiert das PMO auch als Anlaufstelle in allen Belangen rund um Projekte und Projektmanagement. Außerdem unterstützt es bei der Anwendung der Methoden und Software.

Wichtige Aufgaben des PMO sind auch die Abstimmung der Projekte mit der Strategie des Unternehmens, allgemeiner Kompetenzaufbau im Bereich Projektmanagement sowie das Berichtswesen. Zusätzlich übernehmen die beiden Mitarbeiter des PMO gelegentlich die Leitung von Organisationsentwicklungsprojekten.

Als zentraler Vorteil des PMO kann das standardisierte Vorgehen in den Projekten gesehen werden, welches sicherstellt, dass eine gewisse Anzahl an Mindestdokumenten und einheitliche Berichte für jedes Projekt existieren. Für engagierte Projektleiterinnen und -leiter stehen zusätzliche Formulare wie z. B. Projektumfeldanalysen, Meilensteinpläne etc. zur Verfügung.

Als kritischen Erfolgsfaktor sehen die beiden Mitarbeiter des PMO das Sichtbarmachen des Nutzens für die Projektleiter und -leiterinnen und dass Feedback aus der Praxis angenommen und adäquat umgesetzt wird.

8.7   Fallbeispiel PMO-Team

Schlüsselwörter
Externe Beratung • Nutzen • Level-2-PMO • PMO-Team

Im Unternehmen (einem Softwaredienstleister im Finanzsektor) ist die Abteilung PMO neben einem Projektleiter/-innen-Pool unter dem so genannten „Bereich Projects" angesiedelt. Das internationale Unternehmen führt in Österreich derzeit rund 280 Projekte durch, im Ausland sind es weitere 400 Projekte, für die das PMO auch zuständig ist.

Neben sechs Vollzeitkräften sind im PMO eine Teilzeitkraft und ein Fachhochschulpraktikant tätig. In den ausländischen Niederlassungen sind zusätzlich sieben Mitarbeiterinnen und Mitarbeiter beschäftigt. Eine Standard-Projektmanagementausbildung soll dafür sorgen, dass der Wissensstand aller Mitarbeiter und Mitarbeiterinnen auf ähnlichem Niveau ist.

Eingeführt wurde das PMO vor knapp drei Jahren, weil man eine Einheit schaffen wollte, die sich um alle Belange des Projektmanagements kümmert – und das über die Ländergrenzen hinweg. Weiters wollte das Unternehmen mit der Etablierung des PMO die Qualität des Projektmanagements nicht nur erhalten, sondern weiter steigern. Das Einführungsprojekt, welches von einem Consultingunternehmen begleitet wurde, dauerte etwa ein Jahr.

Zu den heutigen Aufgaben des PMO gehören neben der Projektmanagement-Ausbildung die Implementierung und Weiterentwicklung von Projektmanagement-Standards und -Tools, die Unterstützung in einzelnen Projekten sowie die zur Verfügung Stellung eines wöchentlichen Projektstatusreports.

Außerdem unterstützt das PMO derzeit den HR-Bereich bei der Etablierung so genannter „Job-Families" mit der Formulierung von Rollendefinitionen und beginnt mit dem Aufbau einer Portfolio-Administration als ersten Schritt in Richtung Portfolio-Management.

Ein Problem, mit dem das PMO noch zu kämpfen hat, ist sein Image. Für einige Mitarbeiterinnen und Mitarbeiter hat das PMO ein eher untergeordnetes Rollenbild und wird mit Leuten, die Protokolle schreiben, Meetings organisieren und Kaffee kochen gleichgesetzt. Daher ist eines der bestehenden Ziele des PMO die Korrektur des Images durch Darstellung der qualitativen Leistungen, welche das PMO in der Lage ist zu erbringen. Eine geplante Weiterentwicklung des PMO ist die Aufnahme zusätzlicher Mitarbeiterinnen und Mitarbeiter, sodass eine Differenzierung der Aufgabengebiete ermöglicht wird, aber auch Backup-Lösungen entstehen, damit bei personellen Ausfällen andere die Vertretung besser übernehmen können.

8.8 Fallbeispiel Kommunikation

Schlüsselwörter

Level-3-PMO • Akzeptanz • Kommunikation

Das so genannte „Competence Center Project Management" des Unternehmens (Holding aus der Logistikbranche) ist als Stabsstelle der Geschäftsführung angesiedelt, in der alle rund 60 Projekte im Jahr zusammenlaufen.

Das Besondere an diesem PMO ist, dass es neben dem Leiter aus fünf Mitarbeitern bzw. Mitarbeiterinnen der einzelnen Geschäftsbereiche der Gesellschaft besteht. Diese sind eigentlich rein in der Linie tätig, z. B. als Assistenz eines Bereichsleiters oder einer Bereichsleiterin. Während sich der Leiter des PMO u. a. um die Vorgabe von Projektmanagement-Standards, Projektcoaching und -controlling oder das Reporting in Richtung Geschäftsführung kümmert, fungieren die fünf restlichen Mitglieder des PMO als Kommunikationsträgerinnen und -träger zwischen PMO und den einzelnen Bereichen, in denen die Projekte durchgeführt werden. In einem monatlich stattfindenden Meeting wird über Schwierigkeiten in den Projekten oder Anregungen gesprochen.

Nach der rund eineinhalb Jahre dauernden Einführungsphase des PMO wurde mit einer Kick-off-Veranstaltung versucht, die Akzeptanz des PMO zu steigern, was auch großteils gelungen ist. Einige der Projektleiterinnen und -leiter meinen aber immer noch, dass die Erfüllung der Vorgaben des PMO zu zeitaufwändig wäre, und versuchen daher, diese zu umgehen. Der PMO-Leiter ist sich bewusst, dass manchmal konsequente Ermahnungen notwendig sind, damit er die geforderten Dokumente und Berichte dann auch erhält.

Wichtig ist für ihn v. a. Transparenz und ein offener Umgang. Jede und jeder kann sich daher an das PMO wenden. In einer eigenen Rubrik eines schon bestehenden Newsletters möchte der Leiter des PMO künftig stärker auf die Tätigkeiten des PMO sowie auf einzelne Projekte aufmerksam machen.

8.9   Fallbeispiel Marketing

Schlüsselwörter

Level-2-PMO • top-down • bottom-up • Partizipation • Portfoliomanagement • Ausbildung • Marketing • Kommunikation • Integratives PMO

Ähnlich wie in Beispiel 7 ist in diesem Unternehmen (einem Rechenzentrumsbetreiber) das PMO neben einem Pool von Projektleiterinnen und -leitern und unterhalb der Abteilung „Project Management and Management Consulting" angesiedelt. Etwa 500 Personen beschäftigen sich im Unternehmen laufend mit Projekten. Von ihnen kann man wiederum ca. 100 Personen als Projektmanager oder Projektmanagerinnen bezeichnen. Im Unternehmen laufen ständig etwa 80 bis 100 Projekte, für die das PMO zuständig ist.

Die Aufgaben des PMO lassen sich in drei Schwerpunkte gliedern. Ein Schwerpunkt liegt in der Verantwortung des Projektmanagement-Prozesses, der Methoden, Hilfsmittel, Richtlinien, Vorlagen, Leitfäden, Checklisten und vielem mehr. Den zweiten Aufgabenschwerpunkt bildet das Portfoliomanagement. Ausbildung, Weiterbildung und Zertifizierung bilden schließlich den dritten Schwerpunkt.

Die Ziele des PMO werden jährlich aufgrund eines Prämien- und Zielsystems von den Unternehmens- und Abteilungszielen abgeleitet und klar festgelegt. Im letzten Jahr lag der Fokus z. B. sehr stark bei der Ausbildung und Zertifizierung. Im laufenden Jahr ist der Schwerpunkt bei der Einführung unterschiedlicher Methoden des Claim- und Risikomanagements gesetzt.

Interessant an diesem PMO ist die Entwicklung, die vor ca. dreieinhalb Jahren von „oben" begonnen hat, als sich der Geschäftsführer qualifizierte Projektleiter gewünscht hat, die gewährleisten, dass strategisch wichtige und komplexe Projekte auch richtig umgesetzt werden können, und sich daher entschloss, einen Pool für Projektleiterinnen und -leiter zu gründen. Diese Projektleiter bzw. Projektleiterinnen haben dann aus ihrer Gruppe heraus einen Standard entwickelt und von „unten" Anforderungen mit dem Ziel, ein PMO einzurichten, gestellt.

Auch viele andere Bereiche haben erkannt, dass es notwendig ist, sich mit dem Thema Projektmanagement-Prozesse zu beschäftigen, da viele unterschiedliche Vorgangsweisen vorhanden waren. Daher war und ist eine positive Einstellung der Projektleiterinnen und -leiter gegenüber dem PMO beobachtbar, da sie einen gemeinsamen Entwicklungsprozess durchgemacht haben und sich sehr gut ergänzen. Weiterentwicklungen passieren hier immer in gegenseitiger Abstimmung. Die Akzeptanz bei den restlichen rund 80 im Unternehmen tätigen Projektleitern und -leiterinnen ist unterschiedlich und spannt sich von totaler Ablehnung bis hin zur idealen Zusammenarbeit. Es wird versucht, der Ablehnung durch Kommunikation und über positive Beispiele zu begegnen. Von der Geschäftsführung, den Bereichs- und den Abteilungsleitern und -innen wird das Thema Projektmanagement sehr positiv gesehen. Seitens der Teamleiterinnen und -leiter bemerkt man jedoch Widerstände. Diese befürchten einerseits, dass man über Projekte zu stark in ihre Linienkompetenzen eingreift, auf der anderen Seite haben sie Angst, dass man über zu viel Transparenz möglicherweise ihren Handlungsspielraum einschränken könnte.

Schwierig ist es außerdem, das Vertrauen der Projektleiter bzw. Projektleiterinnen zu gewinnen bzw. aufrecht zu erhalten. Da das PMO der Geschäftsleitung nämlich sehr nahe steht, bekommt es vermutlich nicht immer alle Informationen ungefiltert.

Beachtenswert sind die vielfältigen Marketingmaßnahmen. So organisiert das PMO zwei Mal jährlich Events im Rahmen der Zertifizierungen, stellt Projektmanagement-Themen bei Mitarbeiter/-innen-Veranstaltungen vor und veröffentlicht Artikel über große Projekte, Abschlüsse oder Neuerungen in internen und Kundenmagazinen. Außerdem gibt es seit kurzem einen Newsletter zum Thema Projektmanagement. Ein Projektmanagement-Stammtisch soll den Projektleiterinnen und -leitern die Möglichkeit des Austausches bieten. Demnächst wird auch die Qualitätssicherung in der Verantwortung des PMO liegen. Eine Umbenennung in „Methoden Projektmanagement und Qualität" ist daher vorgesehen.

8.10   Fallbeispiel Level-2-PMO

Schlüsselwörter

Level-2-PMO • Standardisierung • PMO-Team • Portfoliomanagement

Auslöser für die Einführung des „Corporate Project Management Office" im Unternehmen (Unterhaltungsbranche) war die steigende Anzahl an Projekten, gepaart mit zu wenig Überblick für die Unternehmensführung. Organisatorisch ist das PMO als Stabsstelle beim COO angesiedelt.

Während vor zwei Jahren im internationalen Konzern noch rund 50 Projekte durchgeführt wurden, waren es im Vorjahr bereits mehr als 80. Im aktuellen Jahr rechnet man mit einer weiteren Erhöhung der Projektanzahl. Das PMO ist grundsätzlich für alle Standorte zuständig, effektiv gesehen jedoch nur für die Projekte in Österreich. Früher wurden auch Projekte im Ausland mit begleitet, dies ist aber mittlerweile nicht mehr administrierbar. Daher gibt es in den ausländischen Niederlassungen eigene PMO, die zum Teil selbständig agieren, sich aber v. a. bezüglich Standards an die Vorgaben der Konzernzentrale halten.

Initiiert wurde die Einführung von der Bereichsleitung. Es wurde ein neuer Mitarbeiter eingestellt, der mit der Festlegung grober Richtlinien für die einheitliche Abwicklung von Projekten begann, welche schrittweise verfeinert wurden. Als einer der ersten Schritte wurden eine Klassifizierung und ein Rating eingeführt, damit (erstmals) zwischen komplexen und trivialen Projekten unterschieden werden konnte.

Einen detaillierten Plan zur Implementierung des PMO gab es nicht. Eine erste zufriedenstellend funktionierende Stufe des PMO war nach ca. einem halben Jahr erreicht. Danach entstand Bedarf an einer weiteren Arbeitskraft. Nach insgesamt etwa einem Jahr ist das PMO reibungslos gelaufen. Mittlerweile sind drei Vollzeitkräfte im PMO beschäftigt, eine Erweiterung um eine weitere Stelle ist geplant.

Projektleitungserfahrung und Projektmanagement-Ausbildung sind wichtige Anforderungen an die Mitarbeiter und Mitarbeiterinnen, Zertifizierungen spielen aber im Unternehmen generell keine bedeutende Rolle. Die Hauptaufgaben der Mitarbeiter und Mitarbeiterinnen im PMO – die sich einen gemeinsamen Büroraum teilen – liegen in der Festlegung von Prozessen und Standards, der Prüfung von Projektdokumenten auf Korrektheit und Aktualität sowie der Wartung von Projektportfolio-Listen und der Erstellung von Projektportfolio-Reports für die Geschäftsführung.

In naher Zukunft ist die Etablierung einer Projektmanagement-Community innerhalb des österreichischen Standortes geplant. Diese soll den Projektleiterinnen und -leitern die Möglichkeit zum Austausch bieten, aber auch dem PMO selbst Gelegenheit geben, sich bei den Betroffenen besser zu positionieren.

8.11 Fallbeispiel verteiltes PMO

Schlüsselwörter

Verteilt • Nutzen • PMO-Team • Standardisierung

Das Unternehmen (international operierende IT-Beratung/Lösungen) ist österreichweit in vier Regionen tätig, welche bis vor Einführung des PMO vor knapp zwei Jahren ihre Projekte mehr oder weniger selbst abwickelten. Es gab zwar Projektmanagement-Methoden, aber niemanden, der die Einhaltung der Richtlinien sicherstellte.

Die Etablierung des PMO fand im Rahmen einer Neustrukturierung eines Unternehmensbereichs statt. Für den neuen Bereichsleiter – der aus einer Organisation kam, die schon ein PMO implementiert hatte – war es wichtig, so eine Organisationseinheit einzurichten. Weitere Bestärkung für ihn war das Feedback aus der Organisation und die Tatsache, dass die Projektabwicklung überall anders umgesetzt wurde. Vom heutigen PMO-Leiter wurde damals ein eigenes Projekt ins Leben gerufen, in dessen Vorbereitungsphase auch das Team zusammengestellt wurde. Gemeinsam mit diesem Team wurden dann die Stärken jeder Region definiert, harmonisiert und schließlich einheitliche Projektmanagement-Prozesse aufgestellt, welche weiter ständig justiert und verbessert werden.

Die Vorbereitungsphase fand von März bis Juni statt. Die beiden Sommermonate konnten als Probelauf genutzt werden und bis Anfang September waren Organisation und Struktur schließlich abgeschlossen.

Die insgesamt fünf Vollzeitkräfte sind auf die Regionen aufgeteilt, um dem Geschehen möglichst nah zu sein. Zur Sicherstellung der Akzeptanz hat der Leiter des PMO im Rahmen der Einführung alle Geschäftsstellen besucht und die Betroffenen frühzeitig informiert. Hier war persönlicher Kontakt notwendig und es war wichtig, jeweils die Sicht des Zielpublikums aufzugreifen und den Nutzen für die jeweilige Zielgruppe zu erläutern.

8.12   Fallbeispiel Controlling-PMO

Schlüsselwörter

Level-3 -PMO • Controlling-PMO

Die Organisationseinheit „Project Management Office & Project Support" ist im Unternehmen (international tätige IT-Firma im Finanzsektor) als Stabsstelle direkt unter der Geschäftsführung angesiedelt und besteht aus einem Mitarbeiter, der lediglich rund ein Viertel seiner Arbeitszeit mit PMO-Aktivitäten verbringt.

Das grundlegende Ziel bei der Einführung des PMO war, einen Überblick über alle Projekte – derzeit sind das rund 30 – zu bekommen und ein monatliches Reporting für die Geschäftsführung aufzusetzen. Das sind heute, rund ein halbes Jahr nach Beginn der Einführung, die einzigen Funktionen des PMO.

Künftig werden weitere Funktionen aufgebaut werden. Geplant ist, im nächsten halben Jahr Richtlinien für die Abwicklung der Projekte auszuarbeiten, was kurzfristig einen höheren Anteil an Aufwand für das PMO bedeuten wird. Danach ist die Einführung vorerst abgeschlossen.

Obwohl das PMO teilweise als lästige Stelle, die laufend Informationen einfordert, angesehen wird, ist die generelle Einstellung dennoch eher positiv. Für die meisten Projektleiterinnen und -leiter ist es verständlich, dass Informationen zusammengefasst werden müssen. Wie sich die Akzeptanz entwickelt, wenn die Richtlinien aufgebaut sind, wird sich aber noch zeigen.

Als kritischen Erfolgsfaktor sieht der Mitarbeiter des PMO die gute Kommunikation zu den Projektleitern und -leiterinnen. „Je besser die Kommunikation, desto mehr Verständnis und desto leichter kommt man zu den Informationen" lautet seine Devise. Bei den Richtlinien wird es wichtig sein, auf die Bedürfnisse der einzelnen Betroffenen einzugehen. Das PMO plant, bei der Einführung dieser Standards zwischen Projektarten und Projektgrößen zu unterscheiden, um die Akzeptanz zu erhöhen. Marketingmaßnahmen für das PMO existieren nicht und sind auch derzeit nicht angedacht. In einem eher kleinen Unternehmen – wie dem gerade betrachteten – kennt man die meisten handelnden Personen ohnehin und trifft sich immer wieder z. B. auf Firmenveranstaltungen, wobei entsprechende Kontakte aufgebaut werden können, die später die Arbeit erleichtern.

8.13   Fallbeispiel Akzeptanz

Schlüsselwörter

Standardisierung • PMO-Team • Akzeptanz • Partizipation

Das PMO im Unternehmen (aus der Mineralöl- und Gasbranche) wurde im Zuge einer Erneuerung der gesamten Organisationsstruktur vor rund eineinhalb Jahren etabliert. Insgesamt drei Mitarbeiter und Mitarbeiterinnen kümmern sich seither um das rund 60 Projekte umfassende Projektportfolio im In- und Ausland.

Die Aufgabenbereiche sind in Stellenbeschreibungen klar definiert. Neben der Leiterin, die für die Governance-Funktion zuständig ist, gibt es einen weiteren Mitarbeiter, der für die Durchführung der Projekte verantwortlich ist, und einen Assistenten für die administrativen Aufgaben. Vorgesehen sind zwei weitere Experten oder Expertinnen, einerseits für die Methoden und andererseits für die Abwicklung der tagtäglichen Geschäfte im PMO.

Von Projektmanagement-Zertifizierungen hält die Leiterin des PMO nicht viel, für sie zählt die Erfahrung ihrer Mitarbeiter und Mitarbeiterinnen. Die Hauptaufgaben des PMO liegen in der Entwicklung von Standards und Methoden, wobei immer wieder Rücksprache mit den Projektleiterinnen und -leitern gehalten wird, ob diese auch in der Praxis funktionieren. Weiters schafft das PMO mit Hilfe eines selbst entwickelten Projektmanagement-Systems einen Gesamtüberblick über alle Projekte des Unternehmens. Es ist auch Sammelstelle der Budgetinformationen.

Vor Bestehen des PMO wurden relativ schnell Projekte gestartet, ohne dass diese vorher gründlich durchdacht wurden. Heute sorgt das PMO dafür, dass alle Projekte den vorgegebenen Prozess durchlaufen, korrekt budgetiert werden und die Unternehmensführung weiß, wofür und wie viel Geld aufgewendet wird.

Ein Nachteil des PMO liegt darin, dass es als Überwachungsorgan gesehen wird und demnach von den Betroffenen nicht mit offenen Armen begrüßt wird. Weiters liefert das PMO selbst kein „Produkt", es stellt lediglich eine Struktur bereit, das Produkt selbst – also das Projekt – wird von anderen erstellt bzw. bearbeitet. Für die Projektleiter und -leiterinnen, die vor Bestehen des PMO ihre jeweils eigenen Wege kannten, Projekte abzuwickeln, stellen die vorgegebenen Regeln und Prozesse des PMO jetzt eine Erschwernis dar. Sie stellen sich die Frage, warum sie etwas ändern sollten, wenn bisher immer alles gut funktioniert hat. Diesem Problem versucht die Leiterin des PMO entgegenzuwirken, indem sie persönlichen Kontakt mit den Projektleiterinnen und -leitern pflegt, auf deren Inputs hört und die Standards ständig verbessert und anpasst.

Ein Problem, mit dem das PMO bei der Einführung zu kämpfen hatte, war, dass es gleichzeitig mit anderen Abteilungen die Arbeit aufgenommen hat. Das heißt, es gab keine Einführungsphase, das PMO musste sofort operativ tätig werden. Es waren bereits Projekte gestartet, ohne dass Standards und Methoden festgelegt worden wären. Die ersten definierten Standards und Methoden – die mit den anderen Abteilungen abgestimmt werden konnten – waren erst nach etwa sechs bis acht Monaten einsatzbereit.

8.14   Fallbeispiel Standardisierung

Schlüsselwörter

PMO-Team • Standardisierung • Supportive-PMO

Die Projektlandschaft im Unternehmen (IT-Dienstleistungen im Versicherungswesen) ist sehr heterogen. Zurzeit laufen etwa 20 Projekte, wobei der Hauptfokus des PMO bei einem Großprojekt liegt, das 80 % der Zeit und Ressourcen in Anspruch nimmt. Die anderen Projekte sind eher klein und laufen sozusagen nebenbei mit.

Das bedeutet, dass die vom PMO definierten Projektmanagement-Prozesse für das gesamte Unternehmen gelten, diese aber in erster Linie vom Großprojekt geprägt werden und dann auf die kleinen Projekte umgelegt werden.

Das Ziel des PMO ist es, Prozesse so einzuführen und zu standardisieren, dass ein reibungsloser Ablauf und eine optimale Unterstützung der Projekte gewährleistet werden kann. Die derzeit acht Vollzeitkräfte des PMO nehmen eine Reihe von Funktionen wahr. Eine Hauptaufgabe ist die der Projektbegleitung im eigentlichen Sinne, zu der die Besprechungsbegleitung und -organisation, Koordination der externen Projektteammitglieder, Bestellung und Abrechnung externer Leistungen und einiges mehr gehört.

Aufgrund seiner Größe ist das derzeitige Hauptprojekt in sehr viele Teilprojekte untergliedert, die wiederum unter einer Gesamtprojektleitung zusammengefasst sind. Das PMO hat hier eine Zwischenfunktion zwischen Gesamtprojektleitung und den Leitungen der Teilprojekte. Das heißt, es führt Projektcontrolling für die einzelnen Teilprojekte durch und stellt die gesammelte, konsolidierte und komprimierte Information der Gesamtprojektleitung, aber auch dem Vorstand des Mutterkonzerns, zur Verfügung.

Auch für die kleinen Projekte wird der Ist-Stand erfasst, konsolidiert und weiter berichtet. Hier fällt aber weit weniger Aufwand an, da diese Arbeiten nur etwa einmal im Quartal durchgeführt werden.

Dass für das Großprojekt, an dem etwa 500 interne und externe Arbeitskräfte gleichzeitig beteiligt sind, ein PMO etabliert werden soll, wurde schon zu Beginn festgelegt. Die Vorzüge eines PMO erkannte man nämlich bereits Jahre zuvor, als für ein anderes Großprojekt von einer Drittfirma ein PMO als eigene Institution gestellt wurde. Für den Leiter des PMO ist klar, dass ein derart großes Projekt ohne PMO nicht abwickelbar wäre.

Sachverzeichnis